적
정
한

공
감

나답게 살기 위한 관계 연습

이민호 에세이

행성B

프롤로그

친구에게 기타 연주를 가르쳐준 적이 있습니다.
외우고 익혀야 할 것들을 알려주며
하루도 빠짐없이 연습하라고 했습니다.
재미없어하더니 사정이 생겼다며 그만뒀습니다.

나는 바라는 것 없이 진심을 다해 알려줬는데…
내 맘 같지 않은 그에게 섭섭했습니다.
'앞으로 기타는 안 가르쳐야지' 하고 생각했습니다.

시간이 한참 지나
다른 친구가 기타를 가르쳐 달라고 했습니다.
또 실망하고 싶지 않아서

얼렁뚱땅 쉬운 코드 한두 개만 알려주었습니다.
익숙한 노래들에서 어디쯤에
이 코드가 쓰이는지 간단히 알려주었습니다.

"기타 재밌다! 이번 주엔 뭐 하면 돼?"
그 친구는 일주일 동안
노래에 맞춰 매일매일 즐겁게 연습했다고 했습니다.
그 뒤로도 같은 방식으로 조금씩 알려줬더니
기타에 재미를 붙였고
이제는 나보다 기타를 더 잘 칩니다.

이 경험을 영어를 가르칠 때도 적용해 봤습니다.

너무 많지 않은 양을
학생들이 흥미를 가질 만한
생활 속의 소재를 활용해서 알려주었습니다.
영어 공부를 재밌게, 오래 따라 했습니다.
많은 양을 열심히 가르치려 했을 때와는
전혀 다른 결과가 나타난 것입니다.

《적정한 공감》은 관계와 소통에 대한
'알맞음'에 관한 이야기입니다.
모든 일에는 적절하고 올바른 정도가 있다고 합니다.

'혼자면 외롭고 함께면 괴롭다'는 이 세상에서

매번 외롭지도, 너무 괴롭지도 않을
적정한 공감은 어느 정도일까요?
이 책에 담겨 있는 저의 경험이
당신의 삶에서 '적정함'을 찾는데
조금이나마 도움이 되길 바랍니다.

힘냅시다! (아, 그러면서도) 힘 뺍시다!

프롤로그 •004

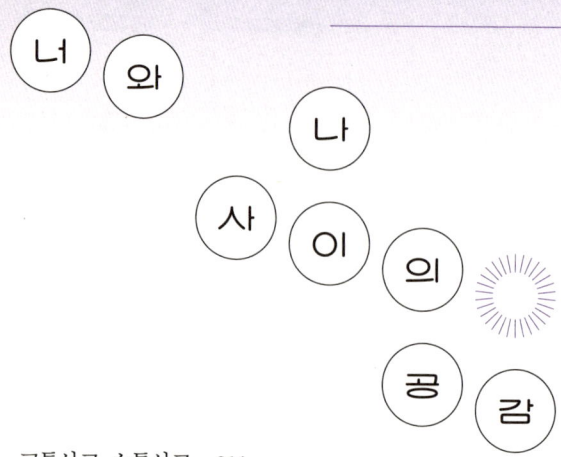

너와 나 사이의 공감

1

교통사고, 소통사고 •014

폭소보다 미소 •018

지혜로운 자의 공감법 •025

적정한 공감 •032

내 안의 관종을 깨워라 •044

누구나 언젠가 투 머치 토커를 만난다 •051

내려놓으려 할 때 달라붙는 미움 •057

스스로 우쭈쭈의 마법 •062

별점과 악플 •066

손절일까, 익절일까 •075

내 안경을 남에게 씌운다면… •082

나만 다를 리 없었네 •086

CONTENTS

열쇠가 없다고 열 수 없는 건 아니야 •092

서터레스받지 말고, 절겁게 살아라 •100

우연은 힘이 세다 •104

기록의 방 •110

내가 내 편이 되어줄 때 •114

너무 잘하려고 하지 마요 •119

친절만큼은 검은 띠 •124

너의 여름과 나의 겨울 •128

로망이 이루어지던 날 •132

필요한 건 믿음과 신뢰, 그리고 요정 가루 조금이야! •138

당연한 것은 없다 •142

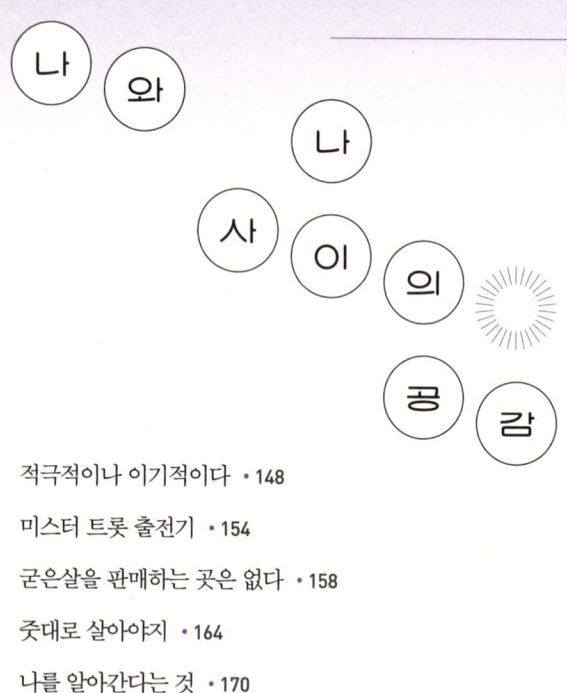

나와 나 사이의 공감

2

적극적이냐 이기적이다 · 148

미스터 트롯 출전기 · 154

굳은살을 판매하는 곳은 없다 · 158

줏대로 살아야지 · 164

나를 알아간다는 것 · 170

나는 거름이 되어, 너의 걸음이 된다 · 176

자신감 있는 아이로 키우는 법 · 180

추억은 점과 선이 되겠지만 · 187

비포장 길을 가고 있어도 · 192

하기 싫은 일 하기 vs 좋아하는 일 못 하기 · 196

두려움의 천적은 올바른 두려움 · 200

실력이 없어도 행복한 하루를 보내는 방법 · 206

내 인생 최고의 고객, 나 ·211

걱정 가지치기 ·217

두고 내린 친절 ·221

아버지의 고물 카메라 ·226

진심을 다한 사람의 자유 ·231

시간 차 행복 ·236

삶은 반복된다 ·240

호기심의 나이 ·244

마음이 업그레이드되려면 ·248

배우려고 하면 사방이 스승이다 ·251

두 딸에게 보내는 아버지의 편지 ·255

교통사고,
소통사고

이십 대에 큰 사고를 겪었다.
교통사고가 아니라 소통사고였다.
깜빡이 없이 내 삶에 들어온 상대에게 거칠게 반응했다.
두 사람은 삶이라는 도로에서 크게 부딪혔다.
경찰서에 가야 했고, 몇 년간 가슴 졸여야 했다.
소통사고의 정신적 후유증은 꽤 오래 이어졌다.

운전이 미숙한 두 운전자가 만나면 사고가 나기 쉽다.
둘 중 한 명이 방어 운전을 했다면 위기로 끝나지만,
둘 다 앞만 보고 달린다면 사고로 번질 수 있다.
어릴 때는 접촉 사고 정도로 끝날 수 있지만,
쌩쌩 달리는 이십 대, 삼십 대라는 고속도로에서는

운전 미숙이 대형 사고로 이어진다.

소통사고 이후, 나는 많이 변했다.
교통사고만큼이나 소통사고가 무섭다는 것을 알게 되었고,
사람 사이에도 방어 운전이 필요하다는 것을 알게 되었다.

상대가 급하게 끼어들면
부딪히지 않고 보내는 편이 낫다는 것을 배웠다.
마음의 재활 훈련은 이어졌다.
미국에서 가장 대접받는 사람은 의사도 변호사도 아니라
미친 사람이라는 농담의 뜻을 이해하게 되었다.

거칠게 다가오는 상대에게 길을 양보하는 것은,
달려드는 성난 황소를 비키듯 현명한 일이다.
나와 내 가족의 안전이 자존심보다 중요하다는
당연한 사실을 우리는 때때로 놓치고 살아간다.

교통사고보다 무서웠던 소통사고 이후,
상대의 날카로운 말에 대한 나의 반응이 바뀌었다.
무례한 말을 들으면 사고를 감지한 인공지능 자동차처럼
나를 보호하기 위해 마음의 차선을

안전한 곳으로 변경한다.
저 사람과 부딪히면 나 역시 크게 다친다는 것을 알기에
안전한 길을 택한다.

누구나 마음에 '블랙 아이스'가 있다.
블랙 아이스는 도로 색깔과 비슷해서
잘 인지하지 못하는 빙판길이다.
정치, 종교, 취업, 연애, 육아, 결혼, 돈 등
사람마다 블랙 아이스는 다르게 존재한다.
이 다양한 블랙 아이스를 확인하는 방법이 있다.
상대가 먼저 꺼내는 단어 또는 화제를
'안전 표지판'이라고 생각하면 된다.

사람들에게 내 안의 블랙 아이스 지점을
알려주는 것도 좋은 방법이다.
차선을 넘어오는 운전자를 만날 때가 있다.
거친 운전자라면 안전을 위해 피하면 되지만,
자신도 모른 채 차선을 넘어오는 경우라면
경적을 살짝 울려 알려주면 될 일이다.

만날 때마다 "좀 피곤해 보이시네요"라고

걱정의 말을 건네는 지인이 있었다.
나는 그 말을 들을 때마다 신경이 많이 쓰였다.
"염려해 주셔서 감사합니다.
그런데 피곤해 보인다고 말씀하실 때마다
제가 마음이 많이 쓰여서요.
혹시 제가 피곤해 보이면,
피로가 날아갈 만한 응원의 말이나
웃긴 이야기 좀 들려주실 수 있을까요?"
상대는 열린 마음을 가진 사람이었기에,
나의 부탁을 기꺼이 수용해주었다.
(그 뒤로, 칭찬과 웃긴 이야기를 많이 듣게 되었다.)

우리 모두는 무면허로 인생이란 도로에 나선다.
운전면허를 딴 운전자끼리도 그렇게 사고가 나는데
인간관계에는 필기시험도, 실기시험도,
도로 연수도 없다.

무면허 운전자처럼 미숙한 우리.
서로 조금씩 배려하고 지혜롭게 대처한다면
조금 더 안전하고 건강한 소통을 할 수 있지 않을까?

폭소보다
미소

재밌게 말하는 사람이 되고 싶었다.
TV에 나오는 개그맨까지는 아니더라도,
내 이야기를 듣는 사람들을
한번씩 웃게 해주고 싶었다.
누군가는 축구를 잘하고 싶은 꿈이 있듯이,
나는 이빨로 드리블을 잘하고 싶었다.

직업 강사가 되고 난 뒤,
웃기는 능력은 필수처럼 느껴졌다.
어쩌다 한번 웃기고 나면 교실 분위기가 살아났다.
고속버스가 휴게소에 들른 것처럼
사람들은 잠시 쉴 수 있었고,

계속 여정을 이어 갈 힘이 되었다.
20년 가까이 강의하다 보니,
'재미'에 대해 수많은 시행착오를 겪었다.
그동안 배웠던 것들을 공유한다.

1. 폭소보다 미소

첫 멘트에 무리한 개그는 좋지 않다.
흔히 '아이스 브레이킹(breaking)'을 해야 한다고 하는데
서서히 녹이는 '아이스 멜팅(melting)' 이미지를
떠올리는 편이 더 낫다.
얼음을 깨러 들어가다가 살얼음을 밟고
물에 빠질 수 있기 때문이다.

이미 형성돼 있는 분위기를 살피며
호감을 먼저 얻는 게 좋다.
마음에는 새로운 환경에 대한 경계심이 있기 때문에
처음 본 사람이 웃기려 하면
사람들 얼굴엔 어색한 미소가 그려지기 마련이다.
그렇다면 어떻게 분위기를 녹일까?

아무리 웃긴 MC도
내·외빈에 대한 감사를 먼저 표시하며 행사를 시작한다.
전문 진행자들은 초반에 가벼운 게임을 하고,
상품을 나눠 주며 서서히 에너지 레벨을 높이고
동시에 호감을 얻는다.

그렇게 느슨한 연결이 일어난 뒤에야
가벼운 농담을 조금씩 던진다.
무리하게 폭소를 유도하지 말고,
가벼운 미소부터 띠도록 해야 한다.
웃기고 싶을 땐 꼭 기억하자.
폭소보다 미소.

2. 끊어내는 농담과 이어주는 농담

웃기는 것보다 중요한 것은 웃기려는 목적이다.
농담은 휴식이 되기도 하지만,
좋은 농담은 사람과 사람을 이어준다.
사람을 이어주는 개그인지,
사람을 끊어내는 개그인지를 구별할 수 있어야 한다.

스탠퍼드대학교 졸업식장에서 스티브 잡스가
축사를 하기 위해 연단에 섰다.
"세계 최고의 대학 중 하나인
이곳에서 졸업하는 여러분을 축하드립니다.
저는 자퇴를 했기 때문에, 지금 이 순간이 졸업식에
가장 가까이 와 본 것입니다."

시가총액 1, 2위를 다투는 애플의 CEO 스티브 잡스가
자신을 먼저 농담거리로 삼았다.
남을 대상으로 농담하지 말자는 말은 아니다.
먼저 내 얼굴에 콧물자국이라도 그린 다음,
상대 얼굴에도 하나 찍어 주자는 것이다.

덧붙이자면 스티브 잡스는 이 축사에서
단 두 명만을 농담의 대상으로 삼는다.
하나는 자기 자신이고,
다른 하나는 마이크로소프트의 빌 게이츠다.
가끔 사회적 지위가 자신보다 약한 사람을 상대로
농담을 해 놓고 '웃자고 한 소리'라며 넘기는 사람이 있다.
하지만 상대방이 함께 웃지 않았다면 생각해 볼 문제다.
그 똑같은 농담을 우리 사장님에게도 할 수 있는지,

본인이 사장이라면 경쟁사 사장에게도 할 수 있는지를
생각해 보면 판단에 도움이 된다.

높아져 있는 것을 낮추고, 낮아져 있는 것을 높이면
같은 곳에서 만날 수 있다.
잡스는 사회 초년생들을 높여 주고,
자기 자신을 낮춤으로써 연설을 시작한 것이다.
'진짜 웃긴 농담이 뭐지?'가 아니라
'우리를 이어줄 농담이 뭐지?'가
좋은 질문이 될 수 있다.

3. 재미 데이터 모으기

'존중'에 대한 강연을 하던 중이었다.
"존중이 뭐냐"고 물으면 대부분 설명하기 힘들어한다.
한 중학생이 자기는 그것을 설명할 수 있다고 말했다.

> "사람을 존중한다는 것은,
> 사람을 [존]나 [중]요하게 생각한다는 것입니다."

모든 사람이 크게 웃었다.

나는 그 이후로 존중에 대한 강연을 할 때마다
이 중학생 이야기를 먼저 꺼내며 시작한다.

우리 주변에는 이렇게 번뜩이는 사람들이 살아가고 있다.
사람들과 이야기를 나누다 보면
개그 작가처럼 재미난 이야기를 들려주는 이들이 있다.
그래서 나는 강연 전에 주변 사람들과 리허설을 한다.
그러다 보면 관련된 에피소드나
개그 소재 같은 걸 얻을 수 있다.
가급적 많은 사람과 이야기를 나누며
재미의 데이터를 쌓아 가자.
우리는 혼자가 아니다.

+

아이들을 학교에 보내며 하는 말이 있다.

"오늘도 한 명 웃겨 봐!"

남을 웃게 만들려면 계속 재미난 생각을 해야 한다.
'이렇게 말하면 웃기지 않을까?'

아이들이 친구를 한 명이라도 웃기기 위해
즐거운 생각으로 가득한 하루를 보내길 바란다.

이 이야기의 끝이 다가온다.
이 글을 읽으며 당신이 미소를 지었을지,
폭소를 터뜨렸을지는 나는 알 수 없다.
다만 당신이 즐거웠으면 좋겠다는 마음으로
이 글을 썼다.
그러다 보니 나도 참 많은 재미난 생각을 했다.
당신 덕분에.

지혜로운 자의
공감법

결혼을 두 달 앞두고 영어 학원을 오픈했다.
이화여대 정문 근처에 60평이 넘는 공간을 계약했다.
나로서는 학생들과 도란거릴 교실 하나만 있으면 되는데
교육청 규정이 문제였다.
성인 어학원은 60평이 넘어야 허가가 난다.
5천만 원의 빚을 냈다. 월세는 3백만 원이 넘었다.
마음에 큰 부담이 생겼다.
돈을 아끼기 위해 웬만한 공사는 친구들과 해결했다.
머리에 흰 가루를 맞아가며 천장에 빔 프로젝터를 달고,
인터넷 검색해 가며 방음 패드도 벽에 붙였다.
잘해야 하는데… 살돼야 하는데… 초조하고 불안했다.

그때 한 비구니 스님이 수업에 등록했다.
내가 진행하는 8주 과정의 영어 기초반 수업이었는데,
해외 대학 박사 과정을 준비하시는
스님이 학생으로 온 것이다.
큰 강의실에 학생은 스님을 포함해 네 명뿐이었다.
이른 아침부터 햇살이 잘 들어오는 강의실이었지만
내 마음 한편에는 먹구름 같은 불안이 있었다.
불안을 감추려 더 밝은 표정으로 에너지를 끌어올렸지만,
그런 중생의 마음을 스님은 아실 것 같았다.
사실 알아주길 바랐다.
뭔가 지혜를 주지 않을까 기대했다.

첫 수업이 끝나고 스님이 다가오셨다.
인자한 표정으로 법구경에나 있음직한 말씀을 해주시겠지
생각했는데, 찌푸린 얼굴로
"아이고… 장사가 이래 안 돼서 어떡합니까?"
스님이 아니라 마치 친구가 하는 말 같아서 놀랐다.
"아… 스님, 괜찮아지겠죠~!"

2주 차, 3주 차가 지났지만
스님은 지혜의 말씀을 주지 않으셨다.

나는 재채기가 터지기 기다리는 사람처럼
오늘이겠지, 오늘이겠지… 했지만 소용없었다.
늘 이 말씀만 해주셨다.
"아이고… 어떡합니까. 결혼도 앞두고 계시는데,
이게 잘돼야 할 텐데."

8주 차가 된 날, 나는 스님에게 이렇게 말해버렸다.
"스님, 덕이 있으면 사람이 모이는 법이라는데,
덕이 없음을 걱정해야지
사람이 없음을 걱정할 필요가 있겠습니까?"
세상에, 내가 스님한테 스님 같은 소리를 해버린 것이다.
이게 무슨 일인가 싶었는데,
시간이 지나 어떤 책을 읽다가 이런 구절을 만났다.

"지혜로운 사람은 지혜로운 말을 하지 않고, 상대를 지혜롭게 한다."

스님은 내가 스스로 지혜롭도록 도와주신 것이었다.
그리고 그것이 '공감'이었다는 걸 알게 되었다.

FBI 협상 어드바이저 마크 고울스톤이 쓴 책
《뱀의 뇌에게 말을 걸지 마라》에서는 우리의 뇌를

크게 세 부분으로 나눈다.
파충류의 뇌, 포유류의 뇌, 인간의 뇌.
파충류의 뇌(뇌간)는 생존에 집중되어 있다.
오직 '싸울 것인가, 도망갈 것인가'의 반응을 결정한다.
포유류의 뇌(변연계)는 감정을 느끼는 부분이다.
기쁨, 슬픔, 분노, 우울 등을 처리한다.
인간의 뇌(신피질)는 이성적 사고를 한다.
하고 싶지만 하면 안 되는 것,
하기 싫지만 해야 하는 것 등을 판단한다.

저자는 인질극 상황에서 쓰이는 협상법을 알려준다.
대치 상황에서 인질범들과는 이성적 대화가 불가하다.
'파충류의 뇌'가 활동할 때
비교적 이성적인 다른 뇌들이 활동을 멈추기 때문이다.
극도로 긴장했을 때 머리가 하얗게 되는 경험을
누구나 하지 않는가.
상대방과 대화하기 위해서는 '뱀의 뇌'인 상대를
'포유류의 뇌'나 '인간의 뇌' 상태로 올라오도록
유도해야 한다.

그렇다면 어떻게 인간의 뇌를 켜줄 수 있을까?

그건 바로 상대의 마음을 헤아려주는 것이다.
상대의 갈망을 거울처럼 반영해
반응을 보이며 공감하는 방법을 심리학 용어로
'미러링(mirroring)'이라고 한다.
이성을 잃고 범죄를 저지르던 범인조차도
자신의 마음을 알아주는 사람 앞에서는
서서히 이성을 찾아가게 된다.
인간의 뇌가 스르륵 커지는 것이다.
그것이 바로 '공감의 힘'이다.

스님이 그때 내게 지혜로운 말씀을 해주셨다면
아마 나는 겉으로는 "좋은 말씀 감사합니다!" 했겠지만
속으로는 '스님이 결혼 앞두고 5천만 원 빚내봤어요?'
라며 삐딱하게 생각했을지 모른다.
스님은 그러지 않으셨다.
나의 걱정을, 나의 불안을, 그저 읽어주고
안타까워해주셨을 뿐이다.

어머니는 내가 별 탈 없이 사춘기를 보냈다고 하신다.
지금 생각해 보니 그건 전부 어머니 덕이라는 생각이 든다.
선을 넘고, 타인에게 피해를 주는 행동에는 엄격하셨지만,

그것 외에는 언제나 내 마음을 헤아려주셨다.

"서터레스받지 말고, 절접게 살아라."

사투리 억양의 다정다감한 목소리가 귓가에 맴돈다.
어머니의 공감이 있었기에
내가 행복하게 청소년기를 보냈다는 생각이 든다.
지금도 어머니와 친구처럼 하하 호호
대화할 수 있는 사이인 것도 어머니 덕이다.
때때로 뱀으로 변하는 아들을
인간이 되게 도와준 것도 어머니다.

두 딸을 키우면서 그게 얼마나 힘든 일인지
계속 느끼고 있다.
너무나… 너무나… 훈수 두고 싶다.
'아빠는 이 게임을 해봤어! 이렇게 하면 된다고!'
해주고 싶은 말이 산더미처럼 많지만,
지식과 지혜의 입 구멍을 틀어막고
상대의 입장을 헤아려주는 것.
상대가 스스로 지혜로운 답을 찾게 도와주는 것.
그게 공감인 것은 알겠다.

그런데 나는 언제 그런 사람이 될 수 있을까?

나라는 인간이 조금씩 나아진다고 느낄 때가 바로
'글쓰기'를 할 때다.
글쓰기는 거의 완벽한 미러링(공감)이다.
글 쓰는 동안 그동안의 감정과 느낌을 감각하게 되고,
우울함과 불안감의 중심을 차분히 볼 수 있다.
그래서 그런지
화가 나서 시작하는 글은 있었어도
화를 내며 끝낸 글쓰기는 없었다.

아무런 판단 없이 묵묵히 내 마음을 받아주는 건
세상 어떤 상담가보다 키보드가 제일 잘하는 일이다.
키보드를 토닥토닥하다 보면
내 마음을 스스로 어루만지는 느낌이 든다.
아랫배가 따스해지고, 머리에 조명이 들어오면
예전에 읽었던 성경, 법구경, 명언 속 지혜로운 말들이
떠오른다.
상황을 다르게 볼 힘이 조금 생기는 것이다.
글쓰기가 나 스스로 치유하는 과정이라는 말이 이해된다.
태어나서 읽었지만, 쓰다가 죽을 일이다.

적정한
공감

지구에 사람이 살 수 있는 이유는
태양으로부터의 '적정한 거리' 때문이라고 한다.
너무 뜨겁지도 차갑지도 않은
'딱 좋은' 온도가 유지되는 거리 덕분에
액체 상태의 물이 존재할 수 있다고 한다.
수 금 지 화 목 토 천 해
태양계에서 세 번째 자리에 딱 돗자리를 깐 덕분에
우리가 지구에서 만나 이렇게 살고 있는 것이다.

'적정'이란 단어는 참 매력 있다.
'적당'은 '정도에 알맞다'는 뜻인데
여기에 '바르다'는 뜻이 첨가된 어휘가 '적정'이다.

사람으로 치면 훈남, 훈녀의 모습을 하고 있을 단어다.
적당하면 좋은 것이고, 적정하면 좋고 올바른 것이다.

적정 온도, 적정 체중, 적정 수면 시간과 같이
일상에서 '적정'이란 단어를 흔하게 사용하는데
처음 이 단어를 알게 된 것은
'적정기술'이라는 개념이었다.

적정기술은
경제학자 슈마허(E. F. Schumacher)가 만들어 낸
'중간기술(intermediate technology)'이라는
용어에서 비롯되었다.
슈마허는 제3세계의 빈곤 문제와
원조에 대해 고민하던 중
간디의 자립 경제 운동과 불교 철학에서 영감을 받아
중간 규모의 기술이 필요하다고 주장했다.
적정기술은 자본주의의 대량 생산 기술과 달리
현지의 재료와 적은 자본, 간단한 기술을 활용해서
그 지역인들에 의해 이루어지는
소규모 생산 활동을 지향하는데
즉 인간이 소외되지 않고 노동을 통해

기쁨과 보람을 느낄 수 있는
'인간의 얼굴을 한 기술'을 말한다.

'적정심리학'이라는 용어는 정신과 의사인 정혜신 박사가
자신의 책 《당신이 옳다》(해냄, 2018)에서 처음 명명했다.
저자는 나와 내 옆 사람의 속마음을 이해하고
도울 수 있는 소박한 심리학을
'적정심리학'이라고 이름 붙였다.
이론으로만 머무는 것이 아닌 실생활에서 힘을 발휘하는
실용적인 심리학으로 바꿔 설명할 수 있다고도 말했다.
적정한 기술이 사람들의 삶을 변화시키듯
적정심리학도 사람들에게 도움이 되기를 소망한다고 밝혔다.

적정기술과 적정심리학은
소박함과 소규모라는 공통점을 가지고 있다.
프롤로그에 밝혔듯이 나는 기타와 영어를 가르치면서
적정함의 힘을 많이 느꼈다.
학생이 받아들일 수 있는
적정한 빈도, 강도, 밀도는 따로 있음을 알게 되었다.
그 적정함을 찾아내면 능률이 좋았지만
무엇보다 학생과 선생이

함께 행복하다는 사실을 알게 되었다.

사람은 누구나 관계에 어려움을 느낀다.
그러다 보니 '적정 공감'이란 단어를 떠올리게 되었다.
내가 이름 붙인 '적정한 공감'은
실생활에서 꼭 필요한 관계의 기술인 것은 맞지만,
그 공감이 서로를 살리는 어떤 것이 되기 위해서는
적정한 선, 적정한 양이 필요하다는 뜻을 품고 있다.

좋은 관계를 원한다면 나를 향한, 타인을 향한
'적정한 공감'이 있어야 한다.
과하지도 부족하지도 않은 공감의 농도를 맞추려면
나와 상대방의 상태를 살피는 감각이 필요하다.

1. 혀는 침 맛을 모르듯 나를 벗어나야 내가 보인다

아내가 외출 준비를 정신없이 서두르는데
여덟 살짜리 둘째가
"꽃은 천천히 피는 거야"라고 말했다고 한다.
학교에서 선생님이 자주 들려준
말이었을 거라고 짐작되었다.

아이 눈에는 평소와 달리
과하게 서두르는 엄마가 보였겠지만,
정신없이 바쁜 사람은
자신이 서두르고 있다는 걸 모를 때가 있다.

카지노에 없는 것이 세 가지라고 한다.
창문, 시계, 거울.
이 세 가지는 세상과 스스로의 변화를
볼 수 있게 하는 도구다.
창문 밖에 해가 뜨고 지는 것을 보면서,
초침이 재빠르게 시침이 꾸준히 움직이는 것을 보면서,
거울 속 얼굴이 어떤 상태인지 살피며
세상 속 자신이 지금 어떤 상황에 있는지 알게 한다.

삶에도 자신을 살펴보게 해주는 것들이 있다.
신앙과 명상, 독서와 글쓰기 같은 것들이다.
이것들은 나를 벗어나 나를 볼 수 있게 해준다.

올바른 신앙을 가진 사람이라면 기도 중에
신의 눈과 음성으로 자신을 볼 것이다.
명상하는 사람은 나의 욕망이나 생각에

붙어있는 의식을 호흡으로 옮김으로써
있는 그대로의 세상을 보는 시선을 얻을 것이다.
독서를 하는 사람이라면
책 속 타인의 삶으로 들어감으로써
자신을 다시 보게 될 것이다.
글쓰기는 내 삶을 종이나 모니터로 옮겨
객관적으로 나를 살펴보는 기회를 마련하는 방법이다.

지금 내가 어느 속도로 가고 있고
어디를 향하고 있는지를 살펴야
나를 인정하는 자신감도, 나를 수정하는 현명함도,
타인을 이해하거나 품을 수 있는 아량도 가능하다.

혀는 침 맛을 모른다는 말처럼
나 자신을 벗어나는 기회가 있어야
나를 제대로 볼 수 있다.
나를 제대로 볼 수 있어야
타인과 제대로 관계할 수 있다.

2. 삶의 같은 생각과 말로 맞춘다

너무나 평화로운 표정의 한 여학생이 있었다.
스트레스 하나 없이 맑은 얼굴이 보기 좋아 물어봤더니
사실 2년 전에 삶을 포기하고 싶을 정도로 힘들어서
정신과 상담을 받았다고 했다.
의사 선생님이 해주신 처방이
지금의 평화로운 삶의 시작점이라고 했다.
"앞으로 1년 동안 임산부처럼 살아보세요."

깊은 고통을 겪던 학생은 선생님 말씀대로
임산부처럼 살아보기로 했다.
스펙 쌓기, 취업 준비 등
스스로를 몰아붙이는 삶을 잠시 멈췄다.
태교하는 마음으로 안 좋은 것들을 멀리했고
좋은 것들을 가까이했다.
그러면서 스스로에게 말을 많이 건넸다고 했다.

"괜찮아. 사랑해. 고마워."

그 시간 속에서 어떤 일이 일어났을까?

자신을 호되게 채찍질하던
'내 안의 나'는 스스로를 몰아세우는 걸 조금씩 멈췄다.
'넌 이런 사람이 되어야 해.'
'넌 이 정도는 해내야 해.'
잠시도 휴식을 허락하지 않던 이런 말 대신
"괜찮아. 사랑해. 고마워"를 들려주었다.
1년 동안 태아가 내 안에 있다고 생각하고
스스로의 마음 주치의가 되어
자신을 아끼고 돌본 것이다.
그 학생은 이렇게 건강을 되찾았다.

로마의 황제 마르쿠스 아우렐리우스는
인기가 하늘을 찔렀다고 한다.
그는 자만심을 가지게 될까 봐 광장을 지날 때
곁에 있는 신하에게 이 말을 귀에 속삭이도록 지시했다.
"폐하는 아무것도 아니십니다."
아마도 이 현명한 황제는 세상이 자신에게
야유를 퍼붓는다면 "폐하가 최고십니다"라고
신하에게 외치게 하지 않았을까 생각된다.
삶과 관계의 간은
지혜로운 생각과 말로 맞추는 것이다.

3. 단 한 번에 간을 맞추는 요리사는 없다

단 한 번에 미역국의 간을 딱 맞춰내는 일,
공평하고 깔끔하게 자로 잰 듯
쌍쌍바를 반으로 가르는 일은
결코 쉬운 게 아니다.
훌륭한 요리사란 단번에 간을 맞추는 사람이 아니라
가장 맛있는 간을 찾아내는 사람을 말할 것이다.
싱거우면 소금 한 꼬집
짜면 물 한 컵 더 넣으며 살핀다.
간은 균형을 말하는데
균형은 인생을 조화롭고 아름답게 만드는 필수 요소다.

나는 어렸을 때부터 성격이 급한 편이었다.
그래서 시작한 운동이 '아이키도'다.
'나를 공격하는 사람도 다치지 않게 한다'라는
철학을 가진 무도였기에
유도처럼 상대의 힘을 활용해 대응하지만,
상대가 다치지는 않게 보호해주는 법을
같이 배우게 된다.
시합도 없고 서로의 연습 상대가 되어주는 이 무도를

8년간 수련하며 나는 점차 많이 차분해졌다.
지금도 친구들은 술자리에서 변하기 전
내 모습을 언급하며 놀려댄다.
그런데 언젠가부터 차분하다 못해
너무 느슨해졌다는 생각이 들었다.
그래서 최근엔 '주짓수'를 시작했다.
아이키도와 달리 끊임없이 생각하고 움직이며
지지 않기 위해 애쓰는 치열한 과정에서
내 삶의 정과 동이
적절히 균형을 맞춰가는 느낌이 든다.
적정한 간을 맞춰가면 삶이 맛있고, 살 만해진다.

4. 국밥은 직접 간을 하기 때문에 맛있다

한 친구가 투덜거렸다.
본인이 겪은 힘든 이야기를 대수롭지 않게 얘기했는데,
듣던 지인이 눈물을 뚝뚝 흘리더라는 것이다.
그 일이 타인이 눈물 흘릴 만큼의 사건은 아니어서
순간 당황스럽고 한편으론 불편했다고 한다.

누군가에게는 공감하는 눈물이 위로가 될 수 있겠지만,

어떤 이에게는 지나친 몰입이나 개입으로
느껴질 수 있다.
상대가 당황하고 불편하지 않게
공감하는 일은 쉽지 않다.
지나치면 진심을 의심받고 무심하면 서운해진다.
그래서 공감받으려는 사람도 공감해주는 사람도
적정한 선을 살필 수 있어야 하는데 이게 쉽지 않다.

남의 머리 가르마를 대신 타주면
문제가 생기기 마련이다.
길을 가다 보면 전깃줄도 겨울에는 팽팽하고
여름에는 느슨하지 않은가.
같은 사람이지만 매번 달라지는 게 마음의 속성이기에
남의 간을 자신의 기준으로 맞추는 건 위험하다.

숙련된 헤어디자이너는 마음대로 스타일링하지 않고
손님에게 구체적으로 묻는다.
"구레나룻은 어떻게 해드릴까요?
가르마는 어느 쪽으로 타드릴까요?"
그에게 내가 무엇을 해주길 바라는지 살피다 보면
'적정한 공감'이 최상의 결과를 만들

확률이 높아진다.
혼자 열심히 잘해주고
나중에 도리어 상처받는 일이 줄어들게 된다.

국밥집의 국밥이 맛있는 이유는
손님이 각자 간을 하도록 식탁에 조미료를 놓아두는
단순한 배려 때문이다.
그 누구도 나만큼 내 마음을 알 수 없기에,
각자 입맛에 맞게 새우젓을 넣는 게 최고다.
적정한 공감이란 내가 다 맞춰주는 게 아니다.
내가 할 수 있는 만큼만, 그가 내어주는 공간까지만
다가가고 기다려주고 인정해주는
관계의 거리를 말한다.

혼자면 외롭고, 함께면 괴롭다는 세상에서
너무 멀어져 차갑거나
너무 가까워 뜨겁지 않은
그 살 만한 영역을 찾아내는 힘, 적정한 공감이다.

내 안의
관종을
깨워라

우리 부부는 아이들을 '봐봐리안'이라고 규정했다.
코[리안], 유러[피안] 등의 지역적·인종적 특성으로
규정되지 않는 그들만의 특성이 있기 때문이었다.
쉴 틈 없이 "엄마 봐봐, 아빠 봐봐"를 외치는 그들은
분명 '봐봐리안'이란 이름을 얻을 자격이 있다.

우리 집만 그런 게 아니었다.
봐봐리안들은 주로 2세부터 7세까지
모습을 드러내고 왕성하게 활동하는데
관심과 인정을 받기 위해 '봐봐'를 외친다고 한다.
왜 주로 7세까지일까?

8세부터는 본격적인 사회생활이 시작된다.
온갖 봐봐리안들이 한 교실에 모이는데,
거기서 아이들은 모두가 왕자이고 공주일 수는 없다는
냉혹한 현실을 마주하게 된다.
304호 한정 공주, 우리 할머니 한정 왕자였던 것이다.
모두가 왕족일 수 없는 현실에서
관심을 독차지하려는 왕자, 공주님은
주변으로부터 지탄받는다.
마치 막히는 고속도로에서
혼자 갓길로 달리려는 자동차 취급을 받게 된다.
그 관심! 모두가 받고 싶어 한다니까!
왜 너만 그 길로 가려고 해?

그 봐봐리안의 성인 버전이 있다.
욕을 먹고, 눈치를 받아도
피가 끓고 끓어서 어쩔 수 없는 이들,
이들은 결국 '관종'이라는 타이틀을 얻게 된다.
'관종'은 타인의 시선을 끌기 위해
과장되거나 튀는 행동을 자주 하는 사람을 일컫는
신조이이다.

내가 그 관종이다.

내 관종의 역사는 초등학교 소풍 때부터 시작되었다.

사회도 보고, 노래도 불렀다.

중학생 때는 성적도 좋지 않으면서 학생회장을 하고,

고등학생 때는 KBS 창원홀에서 열린 축제 무대에서

여장을 하고 콩트도 했다.

대학생이 되고서는 명동에 나가 '프리 허그'를 하고,

인디 밴드의 보컬이 되어 공연을 다녔다.

연예인이 될 정도의 깡이나 끼는 없었지만,

막히는 도로에서 무작정 기다리지는 못하겠다는 심정으로

틈날 때마다 갓길을 드나들며 살았다.

자타가 공인하는 관종으로서 한마디 하자면,

사실 모든 어른 사람은 관종이다.

모두가 봐봐리안으로 출발했지만

아닌 척 살아가고 있는 것이다.

아래의 네 가지 방법을 잘 활용한다면,

DNA에 숨겨진 관종력을 건강하게 꺼낼 수 있을 것이다.

1. 주고받아라

관종 짓은 바둑 두듯이 해야 한다.

한 수 두고, 한 수 기다리는 느낌으로.
모두가 인정받고 싶고 관심을 원한다.
그렇다면 주고, 받아야 한다.
혼자 춤추는 것 같지만
사실은 상대와 함께 탱고를 추고 있음을 명심하자.
'좋아요'만 받고 싶고 '좋아요'를 누르지 않는다?
혼자 펜 두 개 들고 오목 두기를 추천한다.

2. 잔기술을 익혀라

병아리는 삐악거리기만 해도 관심을 받는다.
당신이 8세 이상이라면 닭이다.
꼬꼬댁하며 아침을 알리는 알람이 되든, 알을 낳든
타인의 삶에 뭐라도 기여해야 한다.
거창한 거 아니어도 좋다.
생선 살 발라내기, 오렌지 껍질 깨끗하게 잘 까기,
신용카드로 하는 마술 등 익힐 수 있는 잔기술이 많다.
노력은 안 하고 말로만 하니까 관심을 못 받는 거다.
기술을 배워두라던 어른들의 말을
죽는 날까지 잊어서는 안 된다.

3. 통역기를 달아라

게리 채프먼이 쓴 《5가지 사랑의 언어》라는 책이 있다.
봉사, 함께하는 시간, 선물, 인정하는 말, 스킨십.
이 다섯 가지가 저자가 말하는 사랑의 언어다.
사람마다 원하는 게 다르다.
나는 '인정받는 말'을 원하지만,
상대는 '따뜻하게 안아주는' 스킨십을 원할 수도 있다.
상대가 원하는 언어가 뭔지 관찰하고, 질문하고, 응대하라.
내가 한국어를 쓰고 상대가 일본어를 쓰는 상황이라면
내가 '곤니치와'를 해줘야
상대도 '안뇽하시므니까'를 하려고 노력한다.

4. 에너지가 남으면 다음 장소로 이동!

관심은 유한 자원이다.
여력이 없는 사람에게 계속 요구하면 서로 피곤하다.
그럴 땐 다른 대상을 찾아야 한다.
글쓰기, 유튜브 등으로 더 넓은 세상과 연결될 수도 있고,
봉사 활동 등으로 지역 사회와 연결될 수도 있다.
관심받으며 재미로 시작한 일들이

경제적으로 도움이 되는 경우도 얼마든지 있다.

SNS에서 재미난 이야기를 보았다.
평소 조용하던 사십 대 동료가
"나, 중학교 때 전교 1등을 했어"라고 말할 때 해줄 말은
"언제 적 이야기를 하고 있냐?"가 아닌
"늦었지만 축하한다"라는 것이다.
(정확한 출처는 다음과 같다.
《일단 오늘은 나한테 잘합시다》, 도대체 지음, 예담, 2017.)

심리학자 아들러는 말했다.
모든 인간 행동의 목적은 타인의 인정을 받는 데 있다고.
당신은 아니라고?
모두 인정 욕구가 강한 건 아니라는 당신의 생각을
인정받고 싶지는 않은가?

자, 우리 안의 관종을 깨우자.
이것은 인정받고 싶은 욕구를 건강하게 표현하자는 말이고
표현하지 않는 상대의 욕구도 알아주자는 말이다.
늘 갓길로 달려서는 안 되겠지만,
위급한 상황에서는 얼마든지 그럴 수 있다.

늘 인정받을 수는 없겠지만
고생하는데 아무도 나의 노력이나 존재를 몰라줘서
인생이 무의미하게 느껴지는 사람이라면
꼭 생각해 봤으면 좋겠다.

당신이 엄마든, 아빠든, 부장이든, 사장이든,
잊지 마라. 당신은 봐봐리안이다.
오늘도 고생 많았다!
이렇게 마음을 열고 세상과 사람을 받아들이기 위해
노력하는 당신
짱이다!

누구나 언젠가
투 머치 토커를
만난다

대화하기 힘든 사람이 있다.
말이 많거나, 횡설수설하거나,
나와 다른 의견을 강요하는 사람들.

대화가 배드민턴이라면 그들과는 랠리를 할 수 없다.
수백 개의 공이 일방적으로
내 코트를 향해 쏟아지기 때문이다.
받아내다가 지친다.
혼자 맹렬히 쏟아낸 저 사람이 지쳐야 할 것 같은데,
놀라운 체력으로 다음 경기를 뛰러 가는 모습이
경이롭게 느껴지기도 한다.

나는 이런 경우를 너무나 잘 안다.
왜냐하면 내가 바로 그런 사람이었기 때문이다.
상대를 살피지 못하고 계속 공을 날리는 사람.
내 초등학교 생활기록부에는
"발표력이 왕성하다"라고 적혀 있다.
매 학년 비슷한 평가가 있었는데
좋게 적어주셔서 그렇지 '투 머치 토커',
수다쟁이라는 뜻이다.

누구나 살면서 한번쯤은
말 많은 사람을 만나게 되어 있다.
갑자기 내리는 비처럼 어쩔 수 없는 일이다.
인생은 길다.
오늘은 운이 좋아 피할 수 있을지 모르겠지만,
내일 일은 어찌 알겠는가?
비를 멈출 순 없지만, 우산을 준비할 순 있으니
쓸데없이 말 많은 사람을 만났을 때
대처법을 알아보자. 도움이 된다.
잘 대처하면 의외로 대화도 짧게 끝낼 수 있다.

같은 말을 끊임없이 반복하는 사람을 만났다면

정리를 도와주자.
그가 그러는 이유는 자기도 정리가 안 돼서다.
말해놓고도 긴가민가하는 그를 도와주자.

"지금 말씀하신 건 이런 내용이죠?"

이 정도가 좋다.
생각을 정리하고 나서 말하는 사람도 있지만,
말하면서 정리하는 사람도 있다는 사실을 알아야 한다.
멍하니 앉아서 반복하는 투 머치 토킹.
당하고 있지 말고 정리의 시범을 보여주자.

횡설수설하는 사람을 만났다면 목적지를 짚어줘라.
목적지는 부산인데 휴게소 매점에 넋 놓고 앉아
핫바 먹는 소리만 끝없이 하고 있다면,
목적지를 일깨워줘야 한다.
핫바를 다 먹고 회오리 감자로 눈길을 돌린다면
타이밍을 놓치지 말고 물어야 한다.
이렇게.

"이 이야기를 통해 강조하고 싶은 부분이 있을 것 같은데,

그게 뭔가요?"

상대 의견을 반박하는 데 열중하는
고집 센 사람을 만났다면 경험을 물어라.
신념이 일치하는 사람과의 대화는
그 자체로 가슴 뛰는 일이지만,
반대의 경우라면 듣는 것만으로도 속 터지는 일이다.
강렬했거나 반복된 경험은 신념을 만든다.
왜 그런 생각에 사로잡혔는지 이유라도 들어보자.
우리는 소설이나 영화에서
상당히 마음에 안 드는 인물을 종종 본다.
그래도 그가 왜 이러는지 사연을 알고 나면
측은지심이 생기지 않는가?
말 안 통하는 사람을 만났다면 같은 방법을 써보자.

"혹시 그렇게 생각하게 된 계기가 있었나요?"

이 질문을 통해서 생각지도 못했던 사연을 듣게 되면,
그를 이해할 수 있는 틈이 조금 생기기도 한다.

투덜대고 불평을 반복하는 사람을 만났다면

감정을 짚어주자.

"그렇게 느끼셨군요."

이 말 한마디면 된다.
불평불만투성이인 그는 사실 상처받은 사람이기 때문이다.
피를 철철 흘리는 사람을 만나면,
휴지 정도는 건네줄 수 있지 않은가?
'아, 이 사람 많이 아팠구나.'
인류애를 가지고 이야기를 받아주는 당신이야말로
그에게는 진통제나 다름없다.
내가 왜 진통제를 줘야 하나 싶겠지만
투 머치 토킹을 피하고 싶은 거 아니었나?
아픔을 공감해주는 순간,
비명이 줄어들거나 멈추게 된다.

그렇다고 오버는 하지 말자. 치료는 의사가 할 일이다.
내가 그 사람의 문제를 해결할 수 없고
그럴 필요도 없다.
외려 어설픈 위로나 조언은 독이 된다.
소독도 하지 않고 상처에 손을 대는 것과 비슷하다.

그저 공감이라는 진통제만 놓아주면 된다.
그러면 놀랍게도 상대 스스로 치료법을 찾는다.

가만히 앉아서 반복되는 불평이 멈추길 기다리지 말자.
그들은 끊임없이 말하고 있지만,
사실 누구보다도 당신이 해줄 한마디를
간절히 기다리고 있을지도 모른다.
당신의 따뜻한 한마디가 그들의 도돌이표를
쉼표로 바꿀 수 있다.

내려놓으려 할 때
달라붙는 미움

명상원에서 가장 당황스러웠던 사실은
온종일 미운 사람이 떠오른다는 거였다.
이렇게 그 사람만 떠올릴 거였으면
차라리 만나러 가는 게 낫겠다 싶을 정도였다.
모든 것을 내려놓으러 왔는데,
오히려 그 사람이 계속 다가오니 미칠 것 같았다.

《사피엔스》의 저자 유발 하라리는
옥스퍼드대학교에서 중세 전쟁사를 전공하던 시기에
친구의 권유로 10일 명상 코스에 참여하면서
명상을 시작했다고 했다.
그것이 내게도 도움이 될까 싶어서 찾아보았다.

그가 명상을 배웠다는 비영리 단체의 한국 지부가
전라북도 진안군에 있다는 것을 알게 되었고,
10일간 진행되는 명상 코스에 참가 신청을 했다.

일과는 간단했다.
새벽 4시에 일어나서 밤 9시 30분에 취침할 때까지
대부분 시간을 양반다리 자세로 앉아
호흡에 집중하는 것이었다.
산만한 성격이라 30분조차도 가만히 앉아 있지 못했기에
힘든 시간이 될 것이라 생각했지만,
나를 괴롭히는 생각들을 없앨 수 있으니
딱 10일만 해보자는 마음이 들었다.
입소하면서 휴대폰도 반납해야 했고
책이며 필기도구도 지닐 수 없었다.
주변 누구와도 대화하지 않는 묵언 수행이 규칙이었다.
10일간 모기 한 마리도 죽이지 않겠다는 서약을 하고
코스가 시작되었다.
평온의 시작일 줄 알았는데
오히려 더 큰 고통의 시작이었다.

왜 이렇게 그 사람이 생각날까?

미운 사람, 화났던 장면,
내가 그때 왜 그렇게 바보같이 대처했는지,
그 녀석을 한 대 쳐버렸어야 했는데… 등등
온갖 폭력적인 생각까지 하게 되었다.
명상원에서 이래도 되나 싶었다.
내가 무슨 생각을 하는지 아무도 모르기에
들킬 일은 없었지만,
내가 수녀님, 목사님, 신부님, 스님들 사이에 숨어 있는
산적 같다고 생각했다.

불편했다.

밖이었다면 누군가와 함께 욕하면서 속풀이라도 할 텐데,
삼겹살 먹고 넷플릭스 보며 잠시 잊을 수도 있을 텐데,
바쁘게 일하다 보면 덜 생각할 텐데…
내가 뭐 한다고 여기까지 와서
온종일 기분 나쁜 생각만 하고 있는지 이해가 안 갔다.
중간에 퇴소하는 사람이 몇 있다고 들었는데,
내가 그중 한 명이 될지도 모른다는 생각이 들었다.
글이라도 쓰고 싶은데 종이와 펜조차 없으니
생각만 되풀이될 뿐이었다.

3일 뒤 지도자님께 상담을 신청했다.
묵언 수행 중이었기에 며칠 만에 처음 내뱉는 말이었다.
그간의 상황을 말씀드리며 이게 맞는지 여쭤보았다.
지도자님은 그냥 떠오르는 대로 내버려 두고,
다시 호흡으로 돌아오면 된다고 하셨다.
아니, 내가 무슨 비틀스도 아니고
어떻게 계속 '렛 잇 비(Let It Be)'할지….
남은 7일이 걱정되었다.
변화가 생긴 것은 또 다른 며칠이 지난 후였다.

미워하니 끝이 없었다.
미워하고 또 미워하니 내가 힘들어졌다.
공감해줄 사람도, 잠시 잊게 해줄 것도 없으니
혼자 직면할 수밖에 없었다.

내가 끝내야만 끝나는 일이라는 걸 깨달았다.
내가 매듭을 지어야 하는구나.
호흡으로 돌아와 평온을 되찾으며
인연이 시작된 곳으로 거슬러 올라갔다.
내 욕심이 토스하고, 내 어리석음이 리시브하니,
그가 스파이크를 안 하고는 못 배기는 상황이

벌어졌던 거였구나.

10일간의 명상원 과정이 끝났다.
1년 뒤, 3일 코스에 신청해서 또 갔다.
나는 평온을 찾았을까?
아니다. 아직도 열받고, 짜증 나고, 힘든 마음이 생긴다.
그래도 누가 해결해야 하는지는 이제 안다.
우습게도 10일 동안 그리고 3일 동안
힘든 수술을 한 느낌이라서
다시 그곳에 가지 않기 위해서라도
오늘 덜 미워하고 더 사랑해야지 싶다.

글 쓸 수 있어서 감사합니다.
숨 쉴 수 있어서 감사합니다.
이 글을 봐주시는 사람이 있어서 감사합니다.
당신이 평온하기를, 당신이 행복하기를….

스스로
우쭈쭈의
마법

고등학교 때 좋아했던 게임에 재미난 스킬이 있었다.
바로 '소환(recall)'이었는데 힘이 모자랄 때 이걸 사용하면
다른 캐릭터가 나타나서 대신 싸워줬다.
위험한 순간 나를 지키는 마법이었다.

살아가면서 이런 스킬이
현실에도 있으면 좋겠다고 생각했는데,
어느 날 문득 알게 되었다.
놀랍게도 우리는 모두 소환 능력을 가지고 있다.
삶에서 마법을 부릴 수 있는 것이었다.

이 마법 능력은 두 종류로 나눌 수 있는데

하나는 자신의 삶을 갉아먹는 킬링(killing) 마법이고
다른 하나는 자신을 살릴 수 있는 힐링(healing) 마법이다.

첫 번째, 킬링(killing) 마법은 '상처나 후회'의 소환이다.
마음이 우울하거나 불안할 때
그렇게 만드는 사람을 마음으로 소환한다.
직장에서도, 길을 걸으면서도
그 사람이 한 말, 그때의 감정을 곱씹는다.
집에 가서도 소환은 계속되고 가족에게 말도 한다.
오늘 어떤 사람이 나한테 이랬다고,
그래서 기분이 아주 나쁘다고.
여기서 끝나면 다행이지만 대부분 그렇지 않다.
다음날, 일주일 후에, 한 달 후에,
심지어 몇 년 뒤에도 소환한다.

상처 준 사람이 미운 것은 너무나 당연하다.
하지만 미움에는 마감 기한이 있어야 한다.
마감을 넘기며 끊임없이 소환하면
본인은 물론 주변 사람도 힘들어진다.
똑같은 문제로 끝없이 반복하는
'상처와 후회의 소환'은 마법사 자신을 갉아먹는다.

그렇다면 '좋은 소환',
자신을 살릴 수 있는 힐링(healing) 마법은 뭘까?
감사와 행복의 기억을 소환하면 된다.
이 마법이 생각보다 쉽지 않은 이유가 있는데,
우리의 뇌는 생존을 위해서 '아팠던 기억'을
더 잘 기억하고 떠올리게 진화되었기 때문이다.
좋은 일 한두 개쯤 잊어버려도 사는 데 문제가 없지만
아팠던 일을 잊으면 또 아플 일이 생기기 때문이다.
그래서 좋은 소환에는 노력이 필요하다.
사진으로, 글로, 그림으로 남겨야 소환하기 좀 더 쉽다.

내 친구는 '우쭈쭈 폴더'라는 것을 가지고 있다.
스마트폰의 사진 앨범인데 주변 사람들에게 받았던
행복한 메시지나 기억할 만한 순간이 담긴
사진 등을 모아두는 곳이다.
마음이 힘든 날에 이 폴더를 열어보면
'아, 맞아. 나는 꽤 괜찮은 사람이었지!'라고
떠올리는 힐링의 마법이 펼쳐지는 것이다.

나 역시 이 친구를 따라서 우쭈쭈 폴더를 만들었고
차곡차곡 마법의 주문을 쟁여두고 있다.

가끔 열어보면 정말 마법이 멀리 있지 않다는 것을
느끼게 된다.

게임에서 활용했던 마법 사용법이 사실은
마음 사용법이었다는 사실이 놀랍다.
게임은 끝나면 다시 시작할 수 있지만
인생은 끝나고 어찌 될 지 우리가 알 수 없다.
건강한 마법을 활용하자.

우쭈쭈! 우리, 잘하고 있어!

별점과
악플

명상을 배우기 전, 나의 하루는 지금과 달랐다.
내가 올린 유튜브 영상에 달린 악플을 확인하면서
하루를 시작했다.
유튜브나 온라인 강연, SNS에 악플이 달릴 때면
며칠 동안 그 생각에 빠져 지내기도 했다.
이른 아침에 심장이 가슴에서 발바닥까지
떨어지는 느낌을 받을 때도 있었다.
다리에 힘이 풀리는 순간도 있어서
늘 단단한 의자에 앉아 댓글을 확인하곤 했다.

누가 물었다.
악플이 무서우면서도 왜 사람들 앞에

나서는 일을 하냐고.
그때 나는 살찔까 봐 걱정하면서
치킨은 왜 먹느냐는 말로 응수했다.

목적지로 가는 길에 가시덤불이 있다면
목적지를 포기할 게 아니라,
다치지 않고 지나갈 방법을 찾아야 한다.

나는 좋은 이야기를 전하며 행복을 느낀다.
비록 내 삶의 속도가
내가 뱉은 말의 속도를 따라가지 못해
위선의 순간이 있을지라도,
좋은 사람이 되어 즐겁게 살아가고
좋은 에너지를 말과 글로 나누고 싶다는 생각만큼은
치킨처럼 포기할 수 없었다.

자유롭게 바다를 헤엄치려면
그물에 걸리지 않을 정도로 몸집이 작아야 한다.
참치는 걸리더라도 멸치는 통과할 것이다.
내 고통의 크기는 내 자아의 크기였고
내 자아가 커서 그물에 걸린 것이다.

잘하고 싶은 마음, 인정받고 싶은 마음,
더 갖고 싶은 마음은
멸치였던 나에게 군살을 붙여갔다.
사람들의 말은 그물이 되었고, 시선은 가시덤불이 되었다.
나는 그물에 걸려 투옥되고
가시덤불에 긁혀 상처투성이가 되었다.

붓다는 고통에 대해서 말했는데
병들고 늙고 죽는 것만이 고통이 아니라,
원하는 일은 일어나지 않고
원하지 않는 일이 일어나는 것도 고통이라고 했다.

그랬다. '구독'과 '좋아요'는 생각만큼 늘지 않았다.
무관심 속에서 공허했고
악플은 어느새 자라난 새치처럼 눈에 띄었다.
일상이 이어지는 오프라인 세상도 마찬가지였다.
좋았던 관계들은 멀어졌고
원치 않는 관계들을 피할 수 없었다.

마흔이면 불혹의 나이라고 하지 않았나?
공자가 말한 '불혹'은 내게 없었다.

불혹은커녕 '혹'부리 중년이 되어가는 건 아닐까
염려할 때쯤이었다.

괜찮은 병원을 소개받듯 명상을 알게 되었다.
병원 의료진을 검색해 봤더니
원장 선생님이 싯다르타였다.
병원은 2,500년이나 되었고
그동안 원장님의 가르침을 받은
훌륭한 의료진도 많았지만
원장님 진료를 받고 싶었다.

'초기 불교'로 분류되는 원장님 생후 100년을 공부하며
혹을 떼어내는 외과 수술과
에고(ego)의 다이어트를 시도해 봤다.
결과적으로 건강해졌음을 느낀다.
연예인 트레이너가 운동법을 알려줄 때도
배에 왕(王) 자를 만들려면
본인이 몸을 일으켜야 한다고 했다.
에고라는 군살을 제거할 때도 마찬가지다.

'인연'이라는 말에 대해 배우게 되었다.

그냥 쉽게 생각했던 말인데, 큰 의미가 있었다.
인은 '원인', 연은 '상황'이다.
성냥(인)이 마른 풀(연) 위에 떨어지면 산불이 될 수도 있고,
젖은 풀(연)에선 꺼질 수도 있다.

성경에서는 겨자씨 비유가 나온다.
같은 겨자씨라도 떨어진 장소에 따라
새가 먹을 수도, 뿌리를 내리지 못할 수도,
100배 결실을 얻을 수도 있다는 것이다.

삶에서 확인해 보자면, 같은 영화를 보아도(인: 원인)
내 기분과 상황(연: 상황)에 따라 집중이 될 수도
안 될 수도 있다(과: 결과).
그동안 세상을 '인과' 관계로만 생각해 오던 나에게
'인연법'은 충격이었다.

그동안의 방정식은 이랬다.
'나라는 인간 자체, 혹은 콘텐츠가 부실하다(원인)
→ 악플이 달렸다(결과)'
원인이 결과를 만들었을 테니까.

인연법으로 보면 달랐다.
'인'이 '연'과 만나 '과'를 이룬다니.
고시원 살다가 40평대로 이사 가는 느낌을 받았다.

비가 내리는 원인을 누군가는 구름이라고 말하겠지만,
구름이 왜 생기는지가 또 중요한 문제다.
모든 일에 하나의 원인만 있을 리 없다.
모든 원인이 '나'일 리도 없다.

> "이것이 있으므로 저것이 있게 되고
> 이것이 일어나므로 저것이 일어난다.
> 이것이 없으므로 저것이 없게 되고
> 이것이 소멸하므로 저것이 소멸한다."
>
> ―〈잡아함경〉중에서

내게 악플을 단 사람을 만나러 간 적이 있다.
정말 대화를 나누고 싶어서였다.
대화를 나누며 시간이 흘렀다.
어느 순간 서로 웃게 되었다.
그는 내 글 자체에 화가 난 것이 아니라,
읽다가 안 좋은 기억이 떠올랐으며

그래서 악플을 남겼다고 했다.
내 글이 원인이 된 것은 사실이었다.
나는 많은 선플 대신 소수의 악플 몸집을 보고
내 부족함이 원인이라고 자책했던 것이다.

> "세상에서 한 가지 존재현상이 일어나려면
> 수만 가지 조건들이 같이 작동해야 합니다.
> 그러니까 선한 일을 했다고 하여 그것이 바로
> 선한 결과로 이어지지 않는 경우도 많아요.
> 왜냐하면 무수한 조건들이 겹쳐서 작동하기 때문입니다."
> ―《미산 스님 초기경전 강의》, 미산 지음, 불광출판사, 2017.

누군가 불편해할 때,
본인이 원인인지 모르는 사람은 눈치가 없는 것이지만,
늘 본인 때문일 거라고 단정하는 태도는
스스로를 병들게 한다.
자기 삶의 가해자이자 피해자로 사는 일을
멈출 필요가 있다는 것도 깨달았다.

인연과를 적용해 보자면,
악플이 원인이라고 불행이란 결과로 갈 필요는 없다.

필요한 것은 받아들이고, 과한 것을 흘려보내면
새로운 결과가 만들어진다.
요즘은 아침에 눈을 뜨면, 잠시 다시 눈을 감는다.
내 삶의 소중한 것들을 떠올려 본다.
숨 쉴 수 있어서, 걸을 수 있어서, 생각할 수 있어서,
내가 평온하기를….
나아가 감사함을 보낸다.
있는 그대로의 나를 받아들이고, 감사해 본다.
가족에게, 친구에게, 세상에게
감사한 마음을 라디오 방송국처럼 주파수로 쏘아 보낸다.
당신이 평온하기를….

의자 뺏기 게임이 생각난다.
의자 개수는 충분치 않고
음악이 멈출 때 먼저 앉는 사람이 임자였다.
밤잠이라는 음악이 멈추고 하루가 시작될 때
악플이 먼저 내 의식에 앉았기에
감사는 앉을 자리가 없었던 것이다.

이제는 노래기 멈추면 감사를 먼저 앉힌다.
감사가 궁둥이를 먼저 딱 붙이면

다른 녀석이 자리를 뺏기 힘들다.
아침이든, 점심이든, 저녁이든
순간순간 상황이 펼쳐질 때마다
음악이 멈추는 느낌을 잡으려 한다.

감사를 먼저 앉혀야지.

♪"곰 세 마리가 한집에 있어
아빠 곰~ 엄마 곰~ 아기 곰~"♫

삶은 흘러가고 또 의자 뺏기 게임처럼 노래가 들려온다.
이 음악이 언제 멈출지 내가 결정할 수 없지만,
잘 준비하고 있다면, 누구를 앉힐지는 결정할 수 있다.

손절일까,
익절일까

 "엘사 그려져 있어서 싫어."

뭐? 엘사가 싫다고?
엘사가 그려진 우산을 내버려 둔 채
옷에 달린 모자로 머리를 덮고 비를 피하며
교실로 가는 둘째의 종종걸음이 놀랍다.

어떻게 이렇게 사랑이 변하지?
오늘 엘사는 찬밥 신세가 되었지만
얼마 전까지 사실 아이들의 엘사 사랑은 대단했었다.

첫째가 네 살 때 처음으로 〈겨울왕국〉을 보여줬다.

아이들은 주인공인 엘사에게 푹 빠졌고,
그때부터 우리 집 주소는 대한민국 '아렌델 특별시'였다.
옷이며 가방이며 각종 액세서리에는
엘사가 없으면 안 되었다.
차에 타면 '렛 잇 고'를 틀어야 했고,
주말 무비 타임은 곧 엘사 타임이었다.
또래 아이들끼리 모이면 노래자랑이 펼쳐졌는데,
참가자 전원이 렛 잇 고만 불렀다.

아이는 몰랐겠지만
우리 부부는 일부러 둘 사이를 갈라놓기도 했다.
자전거 매장에 들어서는데 엘사가 그려진 것이 있었다.
아내와 눈짓을 교환했고
나는 엘사 자전거를 몸으로 막았다.
아내는 핑크색 하트 땡땡이 자전거로
아이의 시선을 옮겼다.
언젠가 취향이 바뀐다는 것을 알고 있었고
2~3년을 두고 타는 자전거는 신중해야 했다.
온라인으로 학용품을 구매할 때도
엘사 그림을 택하면 재고가 없다며
다른 것을 시켜주기도 했다.

그리고 언젠가 올 것 같던 그날이 오고야 말았다.

먼저 변심한 것은 첫째였다.
그토록 아끼던 엘사 잠옷을 보고도 더 이상 원하지 않았다.
엘사는 우리 집 장롱에 홀로 남겨졌다.
그런 엘사를 구해준 것은 둘째였다.
두 살 터울의 언니가 쓰던 엘사 굿즈들은
이제 둘째의 차지가 되었고
아렌델은 또 다른 봄을 맞이했다.

엘사가 그려진 보온병은 여전히 따뜻했고,
엘사 잠옷의 부드러움은 말할 것도 없었다.
우산에는 거친 눈보라도 막아줄 엘사가 버티고 있었다.
그렇게 아끼던 그 우산이 오늘 버림받은 그 우산이다.
둘째의 마음도 변한 것이다.

"나, 엘사 안 입어."
두 번 버림받은 엘사의 마음은 어떨까 싶지만,
원래 연예인 걱정은 하는 거 아니라고 했으니
내 걱정으로 돌아가 보자.

친구 인한이는 두 딸과 애니메이션 〈토이 스토리〉를 보며
문득 서글펐다고 했다.
언젠가 자신도 아이들에게
재미없는 장난감이 될 것이라 했다.

전부였던 것도 언젠가 진부해진다.
나 역시 그렇게 소중한 사람들을 떠나보냈고,
인연은 끊기고, 잊힌다.
연락해볼까 싶다가도 망설여진다.
바쁘겠지? 갑자기 연락하면 의아하겠지?
카톡 하나 보내는 것에도
전화 한 통에도 생각이 많아진다.
삶의 사소한 용기를 잃어가는 느낌이 든다.

마음이 깃든 것은 퇴적물에 가려질지언정
사라지지는 않는다.
우리의 일부였던 것은 삶 속 깊은 어딘가에
침전되어 있다가 두둥실 다시 떠오른다.
멜로디에, 향기에, 온도에, 단어에 그물처럼 끌려온다.
아이들도 그러지 않을까?
시간이 흘러 오랜 진부함마저 기억 속으로

흩어져 버렸을 때
바닥 깊은 곳에서 다시 건져 올린 추억이 반갑겠지?
나 역시 〈피구왕 통키〉가 그려진 옷을 더는 입지 않지만,
그 노래가 반갑고,
"치키치키 차카차카 초코초코 초~" 노래를 들으면
TV 앞에 앉아서 집중하던 어린 내 모습이
영상처럼 떠오른다.
도널드 덕을 보면 일요일 아침
〈디즈니 만화 동산〉을 봤던 순간들이 떠오른다.

30분 거리의 학교를 함께 걸어서 등교했던 팔용동 친구들,
몇 년간 무대에 의지하며 올랐던 밴드 멤버들,
아침마다 만나 마음을 열고 발표했던 학생들,
같이 꿈을 꾸고 일했던 동료들,
8년간 운동하며 땀 흘린 사람들,
온라인으로 만나 영어라는 주제로 뜨거웠던 사람들.

한때는 관성으로 계속 만날 수 있었고,
지금은 안 만나는 관성 속에 연락하기 힘든,
가깝고 좋았던 인연에게 안부 같은 글을 남긴다.
만나서 나누는 대화는 아니더라도

서로의 추억 속으로 거슬러 가는 실마리가 됐으면 하면서.

요즘엔 인간관계에서 '손절'이라는 말이 쓰인다.
손절은 주식에서 유래된 말인데,
손해를 감수하고 정리한다는 뜻이다.
더 이상 관계를 유지할 가치가 없다고 판단되어
과감하게 관계를 끊어낼 때 응용해서 쓰이고 있다.
아이들이 엘사와 관계를 끊었는데,
이것은 손절일까 익절일까 생각해 본다.

주식은 팔면 계산이 끝나는 문제지만,
관계는 때로 끝나고 한참 뒤에 정산될 때가 있다.
보낸다는 건 가졌었다는 것이고,
수많은 추억들을 생각하면 분명 익절이다.
엘사는 너무 슬퍼 말길.

우리도 너무 슬퍼 말자.
익절했다고 우쭐할 것도,
손절했다고 우울할 것도 없다
그리움과 추억이라는 정산서가 따로 도착할 테니.

'글'과 '그림'의 어원이 '그리움'이라는 말을
들은 적이 있다.
우리가 그리워하는 것은 글과 그림으로 남게 되고,
그것은 다시 그리움을 끄집어낸다.
글로 쓰다 보니 떠오른 추억들에게, 그리워 묻는다.

"○○아, 잘 살고 있제? 고마웠다. 진짜."

**내 안경을
남에게
씌운다면…**

소설 《위대한 개츠비》에서 화자는
아버지의 말씀을 언급하며 글을 시작한다.

"누군가를 비판하고 싶을 때는
이 점을 기억해 두는 게 좋을 거다.
세상 모든 사람이 너처럼
유리한 입장에 놓여 있지는 않다는 것을 말이다."

누군가에게 의견을 줄 때는
사람마다 상황이 다를 수 있다는 점을
충분히 인지해야 한다는 점을 강조한다.

사람마다 상황이 다르다.
이 사실을 간과한 채 자기 기준을 강요하는 조언은
마치 내 안경을 다른 사람에게
억지로 씌우는 것이나 마찬가지다.

눈이 나쁜 한 청년이 있었다.
청년의 세상은 늘 흐릿했다.
우연히 길에서 빛나는 황금색 안경을 주웠는데,
그 안경을 쓰니 세상이 너무 잘 보였다.
청년의 생활은 편해졌고 일에도 자신감이 생겼다.
인생이 아름다워졌다.
문제는 그다음이다.

청년은 시력이 나쁜 친구들을 만날 때마다
도움이 될 것을 확신하며 자신의 안경을 써보라고 권했다.
일부는 안경이 자신에게 잘 맞는다며 좋아했다.
다른 몇몇은 어지럽다며 금방 벗었는데
청년은 그럴 리 없다며, 다시 한번 써보라고 했다.
친구들을 돕고 싶은 청년의 마음과 달리
시력이 맞지 않는 사람에게 그 안경은
어지러움을 만들어 낼 뿐이었다.

누군가에게 조언할 때도 마찬가지다.
내 시력에 맞춰진 안경을 상대에게 씌우면 안 되듯
조언도 그 사람의 상황에 맞게끔 맞춰야 한다.
안경사가 고객의 시력을 섬세하게 검사하듯이
상대에게 묻고 표정을 관찰하고 이야기에 귀를 기울이고
그의 상황을 제대로 파악한 상태에서
알맞은 조언을 해야 한다.

딱 필요한 조언을 찾았다 하더라도 한 박자 쉬어야 한다.
훌륭한 안경사는 신중하다.
렌즈를 갈아 끼워가며
고객이 편안함을 느끼는 최적의 렌즈를 찾고자 노력한다.
훌륭한 조언은 상대가 오늘 받아들일 수 있는
만큼이어야 한다.

맞지 않는 안경을 몇 시간, 심지어 몇 년씩
쓰고 다닌다면 세상은 혼돈 그 자체가 된다.
남의 안경을 함부로 받아 쓰지 않아야 한다.
타인의 삶을 바라보며
무작정 따라 해서는 안 되는 이유다.
그 안경이 공짜라 해도,

제아무리 황금색으로 빛난다 해도.
자신의 도수에 맞는 안경이 최고다.

나만 다를 리
없었네

"아빠~ 악!!"
불길한 외침이다.
캐나다에서 살 집을 점검하던 중,
차고에서 아이들이 무언가 발견한 것이다.
다가가 보니 차고 구석에 콩알만 한 것들이
수십 개씩 모여 있었다.
쥐똥인가 했는데 자세히 보니 작은 벌레들이었다.
전에 살던 사람들이 짐을 빼고 나자
숨겨져 있던 것들이 드러난 것이다.

콩알처럼 수북이 쌓인 모습을 보며
나도 "아빠~" 하고 외치고 싶었지만

1948년생 내 아버지는 한국에 계신다.
이것을 치워야 할 이 구역의 아빠는 나다.

비교적 깨끗한 집이라 계약했는데,
왜 이렇게 차고를 더럽게 내버려 뒀을까 원망이 생겼다.
이왕 이렇게 된 거 입주 청소한다고 생각하면서
수도꼭지에 긴 고무호스를 연결했다.
엄지와 검지로 호스를 눌러 잡아
물로도 밀어내고 긴 빗자루로 쓸어냈다.
손으로 집는 것도 아닌데
비질할 때마다 쭈뼛쭈뼛 몸이 움츠러든다.
꺼림칙할 때마다 이전 입주자를 향한 원망이 더 커진다.

다시는 벌레 녀석들을 만나고 싶지 않으니
깨끗하게 차고를 써야겠다고 다짐했다.
차고에 음식물을 두지 않고
구석 자리의 물건을 치웠더니
벌레는 나타나지 않았다.
'이거 봐! 집은 이렇게 깨끗하게 써야지!'
그렇게 캐나다에서의 1년이 거의 지났다. 그런데…

"아빠~ 악!!"
익숙한 데시벨의 소리가 들렸다.
'매우 긴급하진 않지만
아버님이 오셔서 처리해야 할 일입니다.'
이 뜻이 담긴 외침, 1년 전의 그 소리였다.
완전히 사라진 줄 알았던 녀석들이 그때의 그 모습 그대로
차고 구석을 빼곡히 차지하고 있었다.
아이들의 자전거와 캠핑 의자가 옆에 있었기에
더 꺼림칙했다.

지난 1년 동안 녀석들을 못 만난 것은
우리가 깨끗해서가 아니라, 벌레의 시즌 오프였던 것이다.
추운 겨울이 끝나자 녀석들은 세상 밖으로 나왔고
차고 문틈 아래로 들어와
또다시 구석 자리에 옹기종기 모인 것이다.
알고 보니 여름철 생기는 모기처럼 불가피한 일이었다.
전에 살던 사람들의 청결하지 못함을
원망했던 게 떠올라 머쓱해졌다.

나는 안 그래야지, 나는 안 그렇겠지 해도
거기서 크게 벗어나지 못할 때가 있다.

좁고 다양한 골목을 제각각 달리는 거 같지만,
상황이란 철로가 놓이면 우리의 선택은
그 위를 달리는 기차처럼 궤도를 벗어나기 힘들다.

사회 초년생 때, 사장님께 업무용 노트북을 요청했는데
기능이 떨어지는 저렴한 노트북을 사주셨다.
이해가 안 되었고 불평하는 마음이 생겼다.
나중에 대표가 되니 비슷한 상황에 부닥쳤다.
매출에서 월세, 급여, 청소 용역비, 정수기 관리비,
프린터 유지비, 세금 등 돈 나갈 일은 생각보다 많았고,
직원이 요청하는 대로 다 해주기가 힘든 것이
자영업자의 삶이었다.

결혼하면 아내와 밤공기 맡으며 산책도 하고
그렇게 살아야지 했는데,
아이들 키우다 보니 자는 아이들을 집에 두고
어디 나간다는 건 꿈도 못 꾸는 일이었다.
넷플릭스 틀어놓고 과자에 맥주 한 잔 마시는 게 낙이었고,
그나마 아이들 방문 여는 소리 들리면
다시 재우러 들어가야 했다.

부모님께 자주 연락드리고 찾아뵈어야지 했는데
자주는커녕 1년에 한 번조차 뵙기 힘든
캐나다 땅까지 와버렸다.

그 상황에 처해 보지도 않았으면서
누군가의 삶을 판단하고,
나는 다를 거라고 생각할 때가 많았다.
적어도 겪어보지 않은 일에는
판단을 미루는 힘을 길러야겠다.

염치는 '부끄러움을 아는 마음'이라고 한다.
어릴 땐 훌륭한 사람이 되고 싶었는데
'적어도 염치 있는 사람은 되어야겠다'로
목표를 수정해 본다.
잘 알지도 못하면서 남을 판단한 순간들은
얼마나 부끄러운가.

다시 《위대한 개츠비》의 첫 챕터, 아버지의 충고를 보자.
"누군가를 비판하고 싶을 때는
이 점을 기억해 두는 게 좋을 거다.
세상 모든 사람이 너처럼

유리한 입장에 놓여 있지는 않다는 것을 말이다."
다른 말로 하면
"너도 별수 없을걸! 나중에 부끄러울 소리는 하지 마라!"

염치를 알자.
아버지의 충고처럼 산다면
카드 명세서처럼 반드시 날아올 미래의 부끄러움을
조금은 줄일 수 있을 테니까.

열쇠가
없다고
열 수 없는 건
아니야

아내는 며칠 동안 몸이 좋지 않다고 했다.
아픈 아내가 집에서 푹 쉴 수 있도록
첫째를 데리고 외출했다.
집에서 꽤 멀리 나왔는데
아내에게 전화가 왔다. 지친 목소리가 들렸다.
"안방 문이 잠겼어.
비상 열쇠가 방 안에 있어서 못 들어가고 있어."
둘째가 방문 열쇠로 장난을 치다가 잠긴 채 닫은 모양이다.
아이들 잘 시간이 다가오고 있었다.
아픈 아내의 얼굴을 떠올리며, 서둘러 집으로 향했다.
이 문을 열어야 모두가 편히 잘 수 있다.

사건의 주범인 둘째는 해맑게 웃고 있었다.
평소 보름달 같던 아내는 초승달같이 희미해져 있었다.
굳게 닫힌 방문 앞에는 아내가 문을 열려고 시도한
수많은 흔적이 보였다.
안 쓰는 플라스틱 카드, 드라이버 등이 널브러져 있었고,
머리핀이나 철사 등의 도구들도
구깃구깃 꼬불꼬불 수명을 다해가고 있었다.
다양한 방법을 시도해 본 것 같았다.

열쇠공을 부르려니 캐나다의 인건비가 겁이 났다.
얼마 전 둘째의 치과 검진비가 캐나다 돈으로 180달러,
우리 돈으로 18만 원 가까이 나왔다.
그저 이가 썩었다는 것만 확인받은 5분 검진이었지만,
우리처럼 치과 보험이 없는 사람에겐 너무 비쌌다.
18…만 원…이었다.
사람을 부를 순 없다. 내가 직접 해내야 한다.

내 눈앞에는 굳게 닫힌 문이 있다.
악수를 청하듯 손을 내밀어
괜스레 구릿빛 방문을 살짝 돌려봤다.
역시나 꿈쩍도 하지 않는다.

유튜브에 '잠긴 방문 열기'라고 검색해서
아내가 했을 수많은 시도를 다시 해보기 시작했다.
"이렇게 하시면 됩니다. 30초도 안 걸리지요?"
영상 속의 전문가들은 미소 지었다.
나도 할 수 있을 것이란 희망에 부풀었다가,
막상 해보면 잘 되지 않아 포기하는 과정을
몇 차례 거치게 되었다.
플라스틱 카드나 송곳 등을 활용해
문을 열어본 경험도 있었기에 자신 있었지만
세상은 변수 투성이다.
그동안 쉽게 열 수 있었던 것들과는 조금 다른
형태의 문이었다.

멋진 남편이고 싶었다.

이 잠긴 문, 익숙한 그곳을 열어 보이며
별거 아니라는 듯 미소 지으며
영상 속 전문가처럼 당당하고 싶었다.
하지만 현실은 만만치 않았다.
아이들은 주변을 떠나지 않고 일을 더 힘들게 만들었다.
"아빠, 내가 해볼게."

아이가 도구를 가로채면 기다려줘야 했다.
"우리 이제 영원히 못 들어가는 거야?"
"사람 부르면 안 돼?"
이런 질문도 날아왔다.
10분, 30분, 1시간이 넘어가며 처음 가졌던 희망은
방문만큼 단단히 닫혀가고 있었다.
아이들도 지쳐서 제대로 씻지도 못한 채 자러 갔고,
나는 방문 앞에 홀로 남았다.

외로웠다.
잘 안 되니 속에서 열이 올라왔다.
영상 아래에는 감사 댓글이 많았다.
"절 받으세요. 덕분에 화장실 문 열고 똥 쌌습니다."
그들이 했다면, 나도 할 수 있겠지!
댓글 속 그들이 이뤄낸 일상의 회복이 부러웠다.

'저렇게 많은 사람이 해냈는데
나는 이거 하나 못 한다고?'
영상 아래 댓글들은 원래 희망의 윤활유였지만
어느덧 절망의 기름이 되어 내 가슴을 태웠다.
방문 앞에 널브러진 각종 도구 사이에 드러누워

천장을 바라보았다.
악몽이라면 깨어나면 현실이지만
열지 못하면 현실이 악몽이 된다.

'일어나세요, 용사여.'
내 안의 목소리가 나를 다시 일으킨다.

그러다 내 눈을 번쩍 뜨이게 하는 한 영상을 보았다.
철제 클립 두 개를 사용해서 문을 여는 영상이었다.
이미 보았던 영상들과 크게 다른 부분이 있었다.
투명한 아크릴 재질로 만들어진
속이 훤히 보이는 자물쇠가 나왔다.
개미집이 실제로 어떻게 생겼는지 보여주는
아크릴 개미집처럼 열쇠가 작동하는 원리를
훤히 볼 수 있었다.
그 영상을 보니 무작정 클립을 쑤시는 게 아니라,
어떤 전략과 전술로 클립을 활용해야 하는지
이해하게 되었다.

귓가에서 아련한 종소리 같은 게 들렸다. 깨달음인가?
방문 앞 민호는 사라지고 영화 〈매트릭스〉의 주인공

네오만 있었다.
눈앞에는 둥글고 도도한 방문 손잡이가 있다.
손잡이를 감싼 채 두 눈을 감았다.
영상에서 본 것을 떠올리며
자물쇠의 내부를 상상해 보았다.
마침 아내가 아이들을 옆 방에서 재우고 나오던 차였는데,
조금 튼튼한 머리핀을 달라고 부탁했다.
그리고 잠시 후, 머리핀을 요래조래 톡톡타닥
휙~. 두구닥.
열.렸.다.

나는 마라톤 결승선을 들어오는 선수가
슬로우 모션으로 중계되는 듯한
느린 걸음으로 안방으로 걸어 들어갔다.
결승선 너머에는 포근한 이불과 베개가 보였다.
천장의 생김새와 발아래 느껴지는
카펫 바닥의 감촉까지 당연하지 않았다.
오랜 시간 굽혀진 허리와 목을 펼 수 있었다.

아내와 늦은 저녁으로
바삭하게 구워진 군만두에 맥주 한잔을 마셨다.

범죄 영화에서 클럽으로 문 따는 사람들을 보며
저렇게 문을 딸 수 있다면 좋겠다고 상상만 했는데,
이걸 해내다니. 아오.
아니, 이게 뭐라고 이렇게 뿌듯한 거지. 아오.
내 기분은 벅차올랐다가 민망해하기를 반복했다.

그리고 지금 나는 잠긴 손잡이를 마주하듯
세상을 마주하고 있다.
세상은 너무 급격하게 바뀐다.
블로그, 인스타, 유튜브, AI…
사십 대가 되며 어느덧 빠르게 변화하는 세상을
못 따라가는 느낌도 있었다.

부모님의 건강은 이전과 같지 않고,
잘 되던 일들도 서서히 동력을 잃어갔다.
아이들 교육은 어떻게 해야 하는 거지,
잘하고 있는 걸까 두렵기도 하다.
내가 가야 할 문은 닫혀있고, 열쇠는 없는 기분이었다.
조금 우울한 기분이 들 때가 종종 있었던 요즘,
둘째가 나에게 이런 경험을 선물을 준 거 같다.

'아빠,

배우고, 희망하고, 절망하고, 다시 일어나야 해요.

그래야 잠긴 문이 열리지 않겠어요?'

그래, 열쇠가 없다고, 열 수 없는 건 아니다.

서터레스받지
말고,
절겁게 살아라

어머니가 늘 해주시던 말이었다.
"서터레스받지 말고, 절겁게 살아라."
사투리 억양의 이 말은 지금도 내 삶의 나침반이다.

'프린세스 메이커'라는 게임에 빠졌던 적이 있다.
게임 속 캐릭터를 공주로 키우는 것이 목표였다.
게임이지만 진지하게 캐릭터를 귀한 공주로 키우려고 했다.
좋은 음식 먹이고, 좋은 옷 입히고
좋은 교육도 받게 했다.
그런데 지금 생각해 보면
게임 속 캐릭터를 '귀하게' 여긴 게 아니라,
내가 정해놓은 '귀한 사람'으로 만들려고 했던 것 같다.

어머니는 현실 속에 나를 키우시면서
'프린스 메이커'를 플레이하지 않으셨다.
그저 내가 나답게 클 수 있게 해주셨다.

"민호야, 200원 줄 테니까 오락실 갔다 온나."
초등학교 2학년 때 오락실에 보내주셨다.
오락실에 같이 있던 친구 A는
부모님에게 귀때기를 잡혀 끌려가는 일도 있었다.
그만큼 오락실은 부모들에게 환영받지 못하는 공간이었다.
엄마의 소신은 즐겁게 살아야 한다는 것이었다.
보고 싶다면 만화책을 보라고 하셨다.
교육적이지 않다는 이유로
환영받지 못했던 책이 만화책이었다.
나는 눈치 안 보고 《드래곤볼》이나 《슬램덩크》를 정독했고,
너무 재밌어서 여러 번 다시 봤다.
이런 교육 기조는 죽 이어졌다.

고2 때 연극을 하겠다며 입시를 제쳐두고
청소년 극단에 들어갔을 때도 응원해주셨다.
대학생 때, 취업 준비를 제쳐두고
인디 밴드를 만들어 3년간 활동했을 때도 응원해주셨다.

나의 '즐거운 삶'을 응원하는 어머니였지만
단 한 가지만큼은 엄격하셨다.

초등학교 저학년 때,
놀이동산에서 주변 사람들이 다 쳐다볼 정도로
궁둥이를 팡팡 맞으면서 혼난 적이 있다.
요즘이라면 신고당할 수 있을 정도로 호된
궁둥이 팡팡이었다.
나는 무슨 일 때문인지 단단히 삐쳐 있었고,
어머니가 수차례 달래줬는데도
내가 입을 꾹 닫고 있자 크게 혼내신 것이다.

"너 기분 나쁘다고 말 안 하고 삐쳐 있으면 나중에
너랑 함께 지내게 될 사람 평생 고생시키게 된다."

'말대꾸하는 상대'보다
'말대꾸조차 하지 않는 상대'를 만났을 때
진짜 무시당했다는 생각이 든다.
자기 감정에 빠져 다른 사람에게
스트레스를 주지 말라는 것이었다.
나만큼이나 다른 사람도 귀하게 여기라는 뜻이었다.

기분이 안 좋더라도 감정을 추스르고
대화할 수 있어야 한다고 알려주셨다.

살면서 어머니의 말씀은 여러 번 증명되었다.
상대를 귀하게 여기지 않으면
나에게도 결국 고통이 되었다.
이 진리는 누구나 알듯이 인생의 황금률이다.

마흔이 넘은 지금도 감정 컨트롤 능력이 부족하지만
스트레스가 되지 않는 즐거운 삶을 사는 것,
다른 누군가에게 부당한 스트레스를 주지 않을 것,

이 두 가지 원칙이 내 삶의 기준이 되었다.
남은 인생에도, 우리 아이들의 인생에도
이 기준을 적용하려고 한다.
혹시나 당신도 어떠한 선택 때문에 고민하고 있다면,
이렇게 말해주고 싶다.

"서터레스받지 말고, 절겁게 살아요!"

우연은
힘이
세다

대학생 때, 미국 워크 캠프(국제 교류 프로그램)를 알아보는데
자격 조건이 안 된다는 것을 알게 되었다.
캐나다인 친구 로버타에게 상심한 마음을 말했더니
그가 2개월간 나를 캐나다에 초대해 줬다.
공장에서 몇 달 돈을 벌어 비행깃값을 마련했다.
6월의 밴쿠버, 천국 같은 곳에 도착했다.

캐나다 곳곳을 거의 공짜로 여행했다.
로버타의 친구, 할머니, 부모님 댁을 돌며
캐나다 전역을 구경했다.
로키산맥에서 일주일간 캠핑도 했다.
곰도 봤고, 뿔이 큰 무스도 눈앞에서 봤다.

보트를 타고 바다로 나가 연어도, 킹크랩도 직접 잡았다.
패키지여행으론 할 수 없는 현지 경험이었다.
계획이 무너진 곳에서 생각지 못했던
여정이 시작된 것이다.

스물다섯 살,
캐나다 여행을 계기로
영어 강사가 되겠다고 마음먹었다.
영어도 영어지만, 강의법을 배워야 했다.
강의를 잘하고 싶다고 주변에 말하고 다녔다.
대학 동기가 누군가를 소개해주겠다고 했다.
너무 유명한 분이라 괜히 움츠러들었다.
그런 내게 친구는 말했다.
"뭐가 문제야? 그냥 가봐."
두려움 반, 설렘 반으로 찾아갔던 그날이 생생히 떠오른다.
나의 스승님인 문단열 선생님을 그렇게 만났다.
문단열 선생님은 내가 평생 써먹을 스피치 스킬,
삶의 태도를 알려주셨다.
내가 생각지도 못한 곳에서 우연히
인생의 큰 스승을 만났다.

스물여섯 살,

허리가 아파서 수영을 시작(하려고)했다.

근처 백화점에서 수영복, 수모, 수경을 사서

곧장 수영장으로 갔는데

접수 데스크 직원이 너무 불친절했다.

감정이 상해서 수영장에서 나왔다.

근처에 웬 도장(道場)이 있어서 무작정 들어가 봤다.

'나를 공격하는 상대도 다치지 않게 한다'라는

철학을 가진 무도였고,

세계적인 작가 파울로 코엘료의 책에서도 계속 언급되는

평화의 무도, 아이키도였다.

그 뒤로 8년간, 한 달도 쉬지 않고 도장을 다녔다.

내 건강을 돕고, 삶의 방향을 만들어준 무도이다.

삼십 대 후반,

소통 강사인데 관계에 실패한 느낌이었다.

사람들이 나를 떠나갔다. 자괴감이 들었다.

후회, 우울과 불안이 찾아왔고

호흡 곤란 같은 게 종종 느껴졌다.

이를 주변에 말했더니 명상을 추천해줬다.

소개를 받고 방문한 명상센터에서 10일간의 수행을 통해,

내 문제를 눈치챌 수 있었다.
남을 향하던 의식의 초점을 나를 향해 두어야 한다는 것과,
나 스스로를 안아주는 방법을 찾은 느낌이었다.
지금은 대학원에 진학해 명상과 심리상담을 공부하며
과거의 나처럼 마음을 어떻게 다룰지 모르는 사람들을 위해
내가 배운 것들을 말과 글로 나누고 있다.

사십 대 초반,
코로나의 타격으로 7년간 운영하던 학원을 폐업했다.
이민호 망했다고 말하는 사람도 있었고
그런 소리 더 들을까 두려웠지만,
담담히 내 상황을 글로 쓰고 말하고 다녔더니
한 업체가 온라인 강의를 제안했다.

만나 보니 그들의 상황도 좋지만은 않았다.
50명이던 직원 중 6명만 남은 상황이었다.
이거 한다고 뭐가 달라질까, 의구심도 들었다.
그 업체의 직원은 망설이는 나에게
끊임없이 할 수 있다고 응원해주며 강의 진행을 요청했다.
미안한 마음이 들 정도로 배려해주던 그의 손을 잡았다.
결과는 놀라웠다.

온라인 강의가 시작되며 오히려 이전보다
더 많은 사람에게 영어를 가르칠 기회가 펼쳐졌고
경제적으로도 큰 이득을 보았다.

되돌아보니 내 인생 설계는 엉망이었다.
인생에서 좋은 일로 여겨지는 대부분은
내가 설계하지 않은 것들이었다.
그 일에는 공통점이 있었다.
안 좋은 상황에서 도와주는 사람을 만났고,
그 만남이 나를 생각지도 못했던 곳으로 데려다준 것이다.
익숙한 길에서 벗어나야 새로운 목적지에 닿는다.

보통 계획이 어긋나 우울할 때면
방문을 꼭 닫고 들어가서 이불 뒤집어쓰고
침묵하기 쉽다.
도움을 요청하지도 않는다.
민망해서, 부끄러워서, 할 줄 몰라서
안 하고 또 못 하기 때문이다.
그렇지만 가장 힘들 때가 새로운 인연이 피어날 때다.
그때 모든 틈을 막아서는 안 된다.
틈으로 숨을 쉬고, 틈으로 빛이 들어온다.

《해리 포터》1편에는 올빼미가 등장한다.
삼촌 집에 얹혀사는 힘든 상황의 해리에게
올빼미가 편지를 전달하는데
문틈으로 편지를 밀어 넣는다.
삼촌이 문틈을 막아버리니 굴뚝을 통해 편지를 전해준다.
때로 우리는 우리 삶에 배달되는 편지를
삼촌처럼 막아선다.

틈을 막지 않아야 빛이 들어온다.
틈을 열어만 둔다면,
우연을 가장한 인연이 삶에 들어와 빛을 비춘다.
우연은 누구에게나 오는 것 같지만,
틈을 다 막지 않은 사람에게만 찾아온다.
우연을 허락하는 사람에게, 우연은 힘이 세다.

기록의
방

아침 7시 15분, 전화기 진동이 울린다.
어머니가 이 시간에 전화를 거실 리가 없는데….
불길한 느낌이 스치고 심장이 거칠게 뛴다.
숨을 가다듬는다.

"민호야! 우짜노.
아버지가 지금… 쓰러져서 대답도 못 한다!
하이고…, 문이 안 열린다. 방문 앞에서 쓰러져가…."

다시 호흡을 가다듬고 자초지종을 여쭈어본다.
어머니는 손과 목소리가 떨려서
구급대에 신고도 바로 못 하신 것 같다.

"엄마, 잠시만 기다리세요. 제가 신고할게요.
신고하고 집으로 바로 갈게요."

119에 전화를 건다.
집 주소를 묻는 구급대원의 신속하고 차분한 질문을 듣자,
갑자기 머릿속이 새하얗게 변했다.
어머니 앞에선 든든한 아들인 척했는데
기댈 곳을 찾자 갑자기 어린이가 되었다.
아파트 동호수가 헷갈린다.
대답을 버벅거리며 쿠팡 앱을 열었다.
구급대원이 주소를 재촉하는데
보낸 주소도 빨리 못 찾겠고
쿠팡 앱 열고 있다고 말도 못 하겠다.
겨우 아무 상품이나 누르고 받을 주소를 클릭했다.
주소를 불러드리고 서둘러 출발한다.

40분 거리의 부모님 댁에 도착하기도 전에
응급 상황은 종료되었다.
다행히도 큰일은 아니었다.
요즘 유행하는 독감 증상이라고 했다.
이번 독감은 증상이 심해서

젊은 사람도 고열로 픽픽 쓰러지는 일이 있다고 했다.
추어탕을 드신 후 기력을 조금 찾으셨다.
병원에 모시고 가고 몸을 닦아드리고
옷도 갈아입혀 드렸다. 그렇게 하루가 지났다.

"아버지, 어제 응급차가 왔었잖아요?"
"응? 응급차?"
"어제 쓰러지셔서 구급대원이 왔었잖아요?"
"응…?"

아버지는 3년 전 치매 판정을 받으셨다.
조금씩 기억이 사라지고 있다.
얼마 전엔 큰누나의 이름을 잊었고,
편의점에 손잡고 함께 들어가서
두 손 가득 과자를 사주시던 손녀들의 이름도 잊었다.
내가 캐나다에서 잠시 들어왔었을 때는
지금 어디 사냐고 세 번을 물으셨고,
캐나다에서 돌아온 지금은
내가 2년간 캐나다에 있었던 것을 잊으신 듯하다.
이젠, 어제 쓰러졌던 사실도 기억 못 하신다.

전쟁 같았던 하루, 집으로 돌아오는 길에
나 어렸을 적 아버지가 떠올랐다.
지금의 내 나이셨겠지.
경상도, 해병대, 7남매의 장남, 유도.
아버지는 설탕보다 소금에 가까웠다.
달콤한 말은 없었지만 불필요한 말씀도 없었다.
그 흔한 공부하라는 말씀도 한번 안 하셨다.
가끔 "초심을 잊지 말라"는 말씀만 하셨다.
초심에 다 있다고. 그것만 잊지 말라고 하시던 아버지.
아버지를 생각하다가
글을 쓰려 했던 첫 마음도 떠올려 본다.

모두가 기억할 만큼 대단하지는 않지만,
내게는 너무 소중한 하루하루.
모래알처럼 손가락 사이로 다 빠져나가지 않도록,
한 알 한 알, 단어 사이 사이에 마음을 적셔
반죽하고, 문장을 만들고, 문단으로 가둔다.
기록으로 설계한 기억의 방들을 모은다.
방들이 모이면 기억의 집도 지을 수 있겠지.
민호야, 너는 오늘 이렇게 살았다.
그리고 아버지 말씀 잊지 마라. 초심에 다 있다.

내가 내 편이
되어줄 때

세상에서 용서하기 가장 힘든 사람이 누구일까?
많은 얼굴이 떠올랐다가 사라졌다.
질문의 끝에 내가 만난 사람은 다름 아닌 '나 자신',
구체적으로는 '과거의 나'였다.

나는 과거의 나를 끊임없이 원망했다.
왜 그렇게 바보같이 말했어?
왜 그렇게 폭력적으로 행동했는데?
왜 그런 선택을 했지?
왜 그 선택은 하지 않았어?
수많은 원망의 화살이 내 안에 박히고 또 박혔다.
"너나 잘해라."

현재의 나와 과거의 나는 그렇게 서로를 구박하고 있었다.
삶은 불편한 동행이었다.
그러다 얻게 된 구원은 다름 아닌 명상과 글쓰기였다.

마음을 차분히 하고 적어보았다.
아픈 환자가 병원에 가서 진찰을 받듯이 말이다.
"아파요"라는 말만 한다고 병이 낫는 건 아니니까.
일단 엑스레이를 찍었다.
엑스레이는 '육하원칙'이었다.

사건을 기술하는 과정은
과거의 내가 싸놓은 똥을
마주하는 것과 같았다.
철푸덕 철푸덕, 많이도 쌌구나.
이런저런 일들이 있었고,
수치스러운 감정이 찾아왔지만 계속해 봤다.
그 부끄러움을 물끄러미 쳐다볼 기회란 흔치 않기에,
느낌을 지나 사실의 단계로 들어가며
생소함을 끝까지 따라가 보았다.
그러자 놀라운 발견이 있었다.

'과거의 내가 지금의 나를 돕고 있구나.'

내게 일어났던 일은 내게 메시지를 보내고 있었다.
이미 한 번 빠진 함정이니 다시 빠지지는 말라고,
장애물이 안 보인다고 신나게 달리지 말라고,
블랙 아이스가 깔렸으니 조심하라고,
무거워도 낙하산을 챙겨서 산을 올라가라고,
세 개 잡으려고 욕심내다가 한 개마저 놓친다고.

다른 누군가가 쓴 책에 수없이 나온 교훈들이었지만,
세상은 오직 내 경험으로 결제를 해야
교훈이라는 상품을 가져갈 수 있는 대형 마트였다.

영화 〈인터스텔라〉에 신기한 장면이 나온다.
책장에서 책이 툭 하고 떨어지고,
바닥의 먼지가 특이한 패턴을 그린다.
영화 초반 주인공 부녀는
그 신비로운 현상을 이해할 수 없었기에
귀신이나 인간이 아닌 우주 생명체가 보내는
메시지로 생각한다.
그러다 영화 후반부에 비로소 깨닫는다.

다른 차원의 내가 끊임없이
메시지를 보내고 있었다는 사실을.

영화를 보면서 나도 그런 능력이 있으면
좋겠다고 생각했었다.
그러다 문득 알게 되었다.
사람이라면 누구나 그 능력을 가지고 있다는 사실을.
내게 과거의 경험은 암호였고
글쓰기는 암호 해독의 과정이었다.
암호를 풀면 놀라운 선물을 발견할 수 있었다.

선물을 받으며 과거의 나를 용서할 수 있었다.
그러자 오늘의 나에게 끊임없이 메시지를 보내주는
과거의 내가 고마워지기 시작했다.
육하원칙으로 사건만 적어두고, 완성하지 못한 글들이
아직 메모장에 남아 있다.
언젠가 내가 더 성장한다면
암호를 마저 풀 수 있으리라는 기대가 있다.
그러니 계속 살아야 한다.
언젠가는 지나온 삶의 의미를 이해할 수 있을 테니까.

세상에서 가장 외로운 사람은
친구가 없는 사람이 아니라
나 자신과 친해지지 못한 사람이라고 한다.
세상 모두가 내 편이 되어도
내가 내 편이 아니라면 무슨 소용인가.
과거의 내가 보내는 메시지를 해독할 수 있을 때
우리는 비로소 편안해지지 않을까?
'어제 싼 똥이, 오늘의 거름이었네!' 하며 말이다.

인생이라는 학교, 비슷한 시기에 학교를 다니게 된 우리가
각자의 삶에서 행복하길 진심으로 바란다.
새로운 역사는 시작될 것이다. 언제?

내가 내 편이 되어줄 때.

너무
잘하려고
하지 마요

오십 대 아재에게 테니스 레슨을 받고 있다.
날랜 제비 같은 삼십 대 코치님이 아니라는 실망감은
아재 코치님이 가진 매력에 스르르 녹아내렸다.
간단한 설명, 명확한 시범, 충분한 연습과 적절한 칭찬은
오랜 경험과 오늘의 진심이 빚은 궁극의 밸런스였다.

아재 코치님이 가장 귀여운 순간은
흩어진 공을 주울 때다.
무언가를 흥얼거리신다.
"보오올을~ 주우어 보오올끄아~." 이런 느낌이다.
한 차례 연습이 끝나면
바닥에 흩어진 수십 개의 공을 주워서

허리 높이의 바구니에 담아야 한다.
어찌 보면 테니스 레슨에서 가장 재미없고 힘든 순간이다.
피가 머리로 쏠리고, 허리와 하체에 부담이 간다.
이 순간, 아재 코치님은 나지막이 타령을 쏟아낸다.
가사는 정확하지 않은데 그도 그럴 것이
숨 쉬듯 자연스러운, 밀물과 썰물 같은 것이다.
누구 들으라고 내뱉는 음악이 아닌
자신을 위한 영혼의 콘서트이다.

긴장을 풀어주는 호흡법이 있는데
이게 이 타령의 메커니즘과 비슷하다.
들숨을 충분하게 날숨은 천천히 길게 내쉬는 것이다.
들숨은 몸을 적당히 긴장시키고,
날숨은 부교감 신경을 활성화해 몸을 편안하게 해준다.
내뱉는 호흡이 길수록 좋다 보니
길게 내뱉는 타령이 답이 된다.
아재들은 삶 속에서 이 기능을 장착한 사람들이다.
모든 아재가 타령을 내뱉진 않지만,
타령을 내뱉으면 주로 아재다.
민방위 훈련에서 단체로 타령을 배우는 것도 아닌데,
스트레스 속에 살아남기 위해 몸이 스스로 터득한

회복 활동이다.

"테니스는 어떻게 시작하셨어요?"
레슨이 끝나고 여쭤봤다.
아재 코치님은 직장 동호회로 시작한 테니스 덕분에
삶에서 건강과 즐거움을 챙겼다고 했다.
사십 대 초, 과도한 업무로 건강이 심각하게 나빠졌단다.
야근에, 술자리에, 주말 출근.
이러다 죽을 수도 있겠다는 생각에
맨땅에 헤딩하듯 캐나다로 넘어왔다.
여섯 살, 여덟 살이 된 두 아들에게도
테니스를 가르쳐주었는데
둘째가 열네 살 되던 해,
아이에게 처음으로 패배했단다.
그 아들은 현재 캐나다 유명 대학교를 대표하는
테니스 선수가 되었다.

"너무 잘하려고 하지 마요."
그는 이 말을 자주 해주시는데 좀 짜증이 나기도 했다.
'아니… 잘하고 싶어서 교습받는 거잖아요?'
이런 마음이 들기도 했다.

그런데 수업 후 아재의 인생 이야기를 듣고
공 줍기 타령도 익숙해지다 보니 레슨이 편안해졌다.
문득 '이건가?' 하는 느낌으로 가볍게 라켓을 휘둘렀다.
공이 스위트 스폿(최적 지점)에 맞아서 쭉 뻗어
반대편 코트에 떨어진다.
"바로 그거예요"
활짝 웃으며 칭찬해주는데
코치님의 여덟 살 아들이 느꼈을 기쁨이 전해졌다.
아재 코치님이 열린 마음으로 대해주니
내 호흡이, 마음이 편안해졌나 보다.
하지만 세상 사람들이 다 아재 코치님 같지는 않다.
그럴 땐 스스로 의식적인 호흡을 해야 한다.

호흡이란 게 자면서도 멈추지 않는 생명 활동이지만,
막상 스트레스 상황에서는 잘 안 된다.
극도의 불안 상황에서는 아예
호흡의 리듬이 멈추기도 한다.
그럴 땐 의식적으로 호흡해야 한다.
눈 깜박임도 마찬가지다.
눈을 촉촉하게 유지하고 이물질로부터 보호하기 위해
사람은 1분에 12번에서 20번 정도 눈을 깜박인다.

그런데 정말 눈에 먼지라도 들어가면
깜짝 놀라 깜박임을 멈추기도 한다.
"눈 깜박깜박 해봐" 하고 알려주는 것처럼,
마음에 이물질이 들어올 땐 호흡해야 한다.
타령은 좋은 호흡의 도구가 된다.
깊게 들이마시고 길게 내뱉는다.
"아리~랑~ 아리~랑~ 아라리요~"
나를 버리고 떠나간 놈에 대한 극도의 스트레스에도
마음을 내뱉던 아낙네처럼,
공을 주우며 프리스타일 타령을 내뱉는 아재 코치처럼
길게 내뱉는 호흡에 평온이 있다.

아침에 눈을 뜨자 스트레스가 찾아왔다.
'아…, 얼른 이메일 답변해야 하는데.'
그럼에도 오늘 내게 허락된 마법의 주문 덕분에
금방 평온을 찾는다.
"어디~ 이이이~~ 메일~~을~~~ 써 보오올까~"
어려움이 몰려와도 이겨낼 마법 주문과
뱉어낼 호흡이 내게 있다는 것을 잊지 말자.

친절만큼은
검은 띠

주짓수를 시작했다. 일종의 외도였다.
나에게는 8년 동안 사랑한 운동이 있었다.
'아이키도'라는 일본 합기도였다.
3년을 배운 뒤에는 3년 동안 기초반을 가르치기도 했다.
그러다 코로나가 와서 멈추었고
다시 운동을 시작할 때 주짓수를 선택한 것이다.

연인 사이도 8년간 사귀다 헤어지면 꼬인다.
가족, 친구 등 여러 인간관계가 얽혀 있기 때문이다.
관장님, 선배님, 함께 운동하던 사람들이 떠올랐다.
'왜 돌아오지 않고 다른 걸 선택했냐'고
누군가 섭섭해한다면 미안한 일이고,

그런 사람이 없다면 무안한 일이다.
미안함과 무안함 어디쯤에서
검은 띠 대신 흰 띠를 매게 되었다.

네이버 지도를 켜고 두리번두리번 도장을 찾아갔다.
도장을 30미터 앞둔 시점인데, 싸우는 소리가 크게 들린다.
오토바이 운전자와 차 운전자가 도로 한가운데서
서로를 칠 듯이 욕을 퍼붓는 급박한 상황이다.
도장 등록하러 가는 길에 싸움 구경이라니….
세상이 이렇게 위험천만하다고
유튜브 중간 광고가 나오는 것 같다.
타이밍도 참 희한하다.
장애물을 피하듯 거리의 구경꾼들을 통과해
조심스럽게 도장까지 왔다.

"3개월 할게요."
3개월을 등록하면 도복을 무료로 받을 수 있다.
아이키도도 그랬다. 3개월은 리트머스 시험지였다.
3개월을 버티면, 3년이고 10년이고 쭉 하는 사람이 많았다.
뻣뻣한 새 도복을 입고
매트 위에서 어색한 공기를 휘젓는다.

새로운 동작을 배우며 갓 태어난 송아지처럼 허둥댄다.

연인처럼 서로 껴안듯 진행되는 주짓수.
이 순간이 너무나 불편할 줄 알았는데,
막상 해보니… 내가 옳았다.
어느새 처음 보는 아저씨 품에 안겨 있다.
택견을 배우며 "이크! 이크!"했으면 덜 민망했을까?
어색함을 저울질하며 망상에 빠졌다가
매트 위로 돌아온다.
이 또한 3개월 안에 익숙해지겠지.

3개월이 지났고, 많은 것이 달라졌다.
아저씨 품에 안겨도, 아저씨를 품어도 전혀 어색하지 않다.
조금씩 아는 사람이 생기고
돌아가는 상황도 살짝 보인다.
도장 근처에 스쿠터 주차는 어디 해야 하는지도
알게 되었고 물통을 챙겨 가는 것도 잊지 않는다.
누군가 다가와 스파링을 신청해주니 소속감이 생겼고,
스파링을 부탁할 넉살이 생겼다.
대부분 깔려서 쓸려 다니지만,
도장 바닥 청소에 기여하는 기쁨도 있다.

3개월간 큰 변화는 사실, 주짓수 외적인 것이다.

잊고 있었던 큰 힘은 바로
작은 친절이다.

"궁금한 거 있으면 얼마든지 질문하세요."
운동이 끝나면 코치님은 매번 이렇게 말씀하신다.
초심자의 불안과 떨림이 주짓수를 하며 다시 생각났다.
6년 동안 다닌 초등학교를 떠나 중학교에 갔을 때,
처음 대학교에 갔을 때, 해외 공항에 막 내렸을 때,
굳어 있는 마음을 풀어주는 작은 친절은 이런 느낌이었다.

덕분에 내 영어 수업을 찾는 사람들에게 말할 수 있었다.
"어려운 거 있으면 얼마든지 질문해주세요."
꼼짝 못 하게 제압하는 주짓수는 흰 띠지만,
굳어 있는 사람을 풀어주는 친절만큼은
검은 띠처럼 할 수 있다.
누구나, 지금 이 순간.

너의 여름과
나의 겨울

촌놈에게 밴쿠버는 천국처럼 다가왔다.
2004년 여름, 6월 6일, 밴쿠버의 하늘은 눈부셨다.
스물두 살이 되도록 김포-김해 비행기를
편도로 타본 것이 전부였다.
인생의 두 번째 비행이 인천-밴쿠버행이 될 줄은
전혀 몰랐었다.

공항을 빠져나오며 바라본 하늘은
맑고 깊은 바다처럼 투명했다.
영어가 짧아서였을까.
하릴없이 하늘을 쳐다보는 시간이 좋았다.
창문을 넘어오는 공기의 촉감에 피부가 환호성을 질렀다.

선선하고 건조한 여름은
땀이 많은 나를 위해 만들어진 인큐베이터 같았다.
지금까지 내가 알던 덥고 습한 여름은 뭐였나.
'여름'이라는 용어를 똑같이 써서는 안 될 거 같았다.
노래방 배경 화면으로만 보았던
에메랄드빛 호수를 내려다보며
언젠가 이곳에 가족과 함께 오겠다 다짐했다.

20년이 지나 두 딸, 아내와 함께 캐나다에 다시 왔다.
내가 느끼고 보았던 것을 아내와 아이들에게 보여주었다.
눈부신 여름 날씨를 담보로 아내와 아이들을 설득했고
그다음 해인 2023년 여름에 밴쿠버로 이사 왔다.
그런데 살아 보니, 안타깝게도 천국은 여름 한정이었다.

대략 10월부터 비가 주야장천 내리기 시작하는데
하늘에 있는 누군가가 샤워기를 틀고 나갔다가
5개월쯤 뒤에 돌아와서는
"세상에, 이걸 틀어놓고 갔었네?"라고 말하는 상황처럼
자비 없이 일주일에 4~5일 이상 계속 내린다.
겨울 장마에 대해 익히 들어 알고는 있었지만,
겪어보니 모든 게 현미경으로 보듯 크고 선명했다.

아침에 눈 뜨면 어두운 하늘에서 비가 내리고 있었고,
오후 4시만 되어도 한밤처럼 어두워졌다.
누구의 강요도 아닌 내 선택이었지만,
여름에 속았다는 배신감마저 들었다.
한국의 겨울은 춥지만 쨍한 날도 많은데.
밴쿠버 겨울 뭐지?
지치도록 이어지는 어두운 날씨에
많은 사람이 우울증을 겪는다.
나 역시 그 우울한 감정에 빠져들었다.

사람들의 얼굴이 떠올랐다.
한동안 친했다가 멀어졌던 수많은 인연.
그들을 떠올리다 보면 어느샌가
내가 주었을 실망감들이 구체화되었다.
여행자는 잘 알지 못하는 현지의 사정이 있기 마련이다.
한국 여행을 굳이 장마철에 맞춰서 추천할 리가 없듯이,
우리는 인생에서 가장 아름다운 계절에
서로에게 초대된다.

그 아름다운 계절에 여행이 끝나면
좋은 기억으로 남겠지만,

한 발짝 더 다가간다면
숙명적으로 상대의 겨울을 보게 된다.
한때의 여행객으로만 남았다면 몰랐을 그 모습에
배신감을 느낀다.
그러니 만남은 서로의 여름에 반해 빠져들었다가,
겨울에 놀라 빠져나오는 그림으로 전개된다.
겨울까지 다가오지 못하게
초가을쯤에 선을 긋는 관계가 익숙해지는
사십 대 즈음이 되었는데 문득,
결혼 10주년이다.

아내에게 고맙고 미안하다.
내 여름에 속아 결혼했을 텐데,
내 겨울을 10년째 감당해주고 있다.
오늘 어째 '사랑한다'는 말이
'살아간다'와 비슷하게 보인다.
나의 여름에 찾아와 준 너,
나의 겨울을 보고도 살아가줘서 참 고맙다.
대부분 사람은 모를, 너는 너무나도 잘 알게 된 내 겨울을
가까이서 겪고도 함께 살아줘서 고마워.
나의 여름을 감사해줘서, 나의 겨울을 감수해줘서.

로망이 이루어지던 날

내가 살던 창원에는 롯데백화점이 있었다.
5층에는 그 당시 감히 넘볼 수 없는 브랜드가 있었다.
컨템퍼러리로 분류되는
Theory, DKNY, TIME 등의 브랜드였다.
캐주얼 브랜드는 3층에 있었는데
지오다노, 마루, FRJ 등이 나의 사냥터가 되었다.
그곳에서 3만 5천 원, 4만 2천 원 등의 가격에
티셔츠며 바지를 신중하게 샀다.
비슷해 보이는 티셔츠 한 장도 3층에선 3만 원이었고
5층에선 30만 원이었다.
30만 원짜리 옷을 사 입는 사람은 누구일까?
그곳은 해리 포터의 9와 4분의 3 승강장처럼 느껴졌다.

지나칠 순 있지만 들어갈 수 없었으니까.
내게는 그 가격을 감당할 돈이나 명분이 없었기에
그 '좋은 옷'은 이십 대 이민호의 로망이 되었다.

삼십 대 중반이 되며, 로망에 가까워졌다.
기업 강연을 다니니 깔끔하게 입어야 했다.
정확히는, 그렇게 스스로를 설득하기 시작했다.
'멋진 인테리어로 오프라인 매장을 꾸미듯
강연자는 몸이 곧 영업장이야. 자신을 꾸밀 줄 알아야 해.
강연료에는 내가 입고 갈 옷값도 포함된 거야.'
이런 명분을 가진 채 백화점을 찾아갔다.
호그와트 마법 학교 초대장을 가슴팍에 품은 듯
당당히 매장을 기웃거리기 시작했다.
이십 대의 나로서는 상상도 못 했을
가격의 옷들을 면밀히 살펴봤다.
아무런 그림도 글자도 적혀 있지 않은
깔끔한 니트가 마음에 들었는데
가격은 역시나 30만 원이 넘었다.
이 돈이라면 3층에선 아래위 세 벌도 살 수 있겠다며
옷걸이에 다시 걸어놓기를 여러 번 했다.

어느 날 그 세계의 문이 열렸다.
원래는 80만 원이었지만, 긴 여정을 거쳐
김해 롯데 프리미엄 아울렛까지 흘러와
34만 원이 된 옷을 만났다.
'맞아. 아니야. 맞아. 아니야.'
마음속엔 뮤지컬 〈지킬 앤 하이드〉의 노래가
수없이 재생되었다.
쉽게 결정하지 못하고 반대편 매장까지 갔다가,
다시 그곳으로 돌아오길 수차례 했다.
마실 삼아 함께 쇼핑을 나왔던 장모님께서
망설이는 사위가 안타까웠는지 예쁘고 잘 어울린다며
"강연 갈 때 입으면 딱이겠다"며 독려해주셨고
나는 못 이긴 척 샀다.
"괜찮겠죠?" 하고 다섯 번이나 여쭤본 후였다.
그날은 그렇게 못 이긴 척, 이긴 날이었다.

'좋은 옷'은 확실히 좋았다.
그동안 입었던 겨울옷과는 달리, 얇은데 따뜻했다.
캐시미어가 10%라도 섞여 있으면
피부 위에 따뜻하고, 가볍고, 보드라운 세상이 펼쳐졌다.
내가 식물이었다면 추운 날 주인이

훈훈한 온기가 있는 비닐하우스에 옮겨준 것 같았으리라.
여름옷은 너무 얇으면 잘 비치고 쉽게 옷감이 늘어나는데,
'좋은 옷'은 적당한 두께로 형태를 유지했고 시원했다.
리넨 소재로 시원하고 들러붙지 않아 좋았다.
내가 식물이었다면 여름날 주인이
창문을 열어 바람이 잘 통하게 해준 것 같았으리라.

나의 옷장엔 로망이었던 '좋은 옷'이 자리 잡기 시작했다.
그런데 그 좋은 옷은 불편하기도 했다.
옷을 망가뜨리지 않으려면
매번 드라이클리닝을 맡겨야 했는데,
땀이 많은 나로서는 세탁비가 심심치 않게 나왔다.
자동차도 아닌데 유지비가 들다니….
어느 날은 강연 마치고 오는 내게 아이가 뛰어와 안겼는데
머리핀에 걸려 올이 나가서 속상했다.
그다음부터 그 '좋은 옷'을 입고 있을 때 아이가 달려오면
안아주지 못하고 "워워" 자제시켰다.
같이 뛰자고 하면 아빠는 땀나면 안 된다며
그늘을 찾아 앉아 있기도 했다.
그렇게 좋은 옷은 좋지 않기도 했다.

캐나다에서 그 '좋은 옷'들은 입을 일이 없어졌다.
밴쿠버에선 활동하기 좋은 옷을 입고 다닌다.
그도 그럴 것이 봄, 가을, 겨울엔 비가 계속 오고,
여름에만 좋은 날씨가 이어진다.
그러다 보니 사람들 대부분 비를 맞아도 되고,
뛰어놀아도 되는 운동복을 많이 입는다.
운동복은 과거의 '좋은 옷'과 달리
아이들이 뛰어와 안기고 비벼도 상관없다.
자전거를 탄 아이들을 따라 뛰며 땀을 흘려도 되고,
신발 끈을 묶어주기 위해 무릎을 땅에 대도 괜찮다.
세탁기와 건조기에 차례대로 집어넣고서
다음 날 오후에 다시 꺼내 입을 수 있는 옷들이
오늘 캐나다에서의 '좋은 옷'이다.
흰색 단화 대신 푹신푹신한 검은 운동화가
'좋은' 운동화이다.

좋은 옷, 좋은 사람, 좋은 직장의 정의도
오늘 나의 상황에 따라 변한다.
동네에 어머니 친구 한 분이 계셨는데,
이분은 말씀이 거칠어서 대화하기가 힘들다고 하셨다.
그러던 어느 날 물건 환불받을 일이 있었는데

그분과 함께 갔더니 한결 수월했다고 하셨다.
좋은 사람이 뭔가?
공감하며 대화하기 '좋은' 친구도 있고,
전쟁터에서 함께 싸우기 '좋은' 친구도 있다.
'좋은 것'도 '나쁜 것'도 모든 것, 모든 순간에 닿지 않는다.

어제의 로망은 오늘의 실망이 되기도 한다.
실제로는 로망의 사각지대에
오늘의 소중한 삶이 놓여 있기도 하다.
눈먼 욕망을 로망으로 품으면 현실이 망한다.
지금 이 순간, 지금 여기
내게 필요한 것을 제대로 봐야지 하는데 쉽지가 않다.
로망이라는 이름으로 다가오는
수많은 욕망을 물리치기는 늘 어렵다.
그래서 오늘도 글을 쓴다.
클릭만 하면 쉽게 만나는 세상도 좋지만,
글쓰기라는 안경으로 오늘 이 순간의 나를 들여다보며
내게 '좋은' 것이 무엇인지
스스로 볼 수 있는 힘을 키우기 위해.

필요한 건
믿음과 신뢰,
그리고
요정 가루 조금이야!

호주의 멜버른, 시내 중심가에 시립 도서관이 있었다.
월세가 상당히 비싼 강남역 같은 곳인데
굉장히 상업적인 거리다.
카페와 상점이 빼곡했고 도서관 옆엔 어학원이 있었다.
영어 공부를 하려고 호주에 온 많은 한국인이
그 어학원과 도서관을 드나들었다.
나 역시 영어 공부를 해보겠다며
아침부터 도서관에 들렀다.
졸음이 몰려올 무렵, 어디선가 피아노 소리가 들렸다.
조용해야 할 도서관에서 웬 피아노 소리?
호기심에 찾아가 보니
백발의 노인이 피아노를 마주하고 있었다.

풀어헤친 백발, 잠옷처럼 초라한 차림에
얼굴 한가득 주름이 덮여 있었다.
피아노 옆엔 바퀴 달린 철제 캐리어가 있었고
너덜너덜한 가방을 그 위에 올려놓은 채
피아노를 연주하고 있었다.
그런 노인의 손가락 끝에서
아름다운 연주가 만들어져 공간을 채웠다.
사람들이 하나둘 모이고 귀를 기울였다.
도서관을 견학 왔던 장난꾸러기 꼬마들도
그녀 뒤로 하나둘 앉았고
엄마가 불러주는 노래를 듣는 갓난아기처럼
얌전하게 귀를 기울였다.

20여 분의 연주가 끝났을 때,
사람들이 하나둘씩 다가가 고마운 마음을 표현했다.
나도 영어가 서툰 때였지만,
어떻게서든 내 마음을 표현하고 싶었다.
"This is the most beautiful play I've ever heard."
(지금까지 들어본 연주 중에서 가장 아름다웠어요.)
입에서 여러 번 연습한 다음 저 말을 건네니,
노인은 "Thank you"라고 눈을 마주치며 답해줬다.

감전된 듯한 짜릿함을 느꼈다.
공들여 만든 크리스마스트리에 전구를 연결한 느낌이었다.
서로 다른 두 세계를 연결해주는
도구로써의 영어를 알게 된 순간이었다.
그 후로 영어 공부가 더 재밌어진 것은 말할 것도 없었다.

기쁨은 사람을 움직이게 하는 최고의 연료이다.
내 요리를 맛있게 먹은 고객을 만난 요리사는
더 열심히 연구할 것이다.
기뻐해야 실력이 늘고, 실력이 늘면 더 기쁜 일이 생긴다.

동화 《피터 팬》에서는 아이들이
하늘을 날아오르는 장면이 나온다.
여태껏 팅커벨의 요정 가루가
날아오르는 비법이라고 생각했었는데,
얼마 전 아이들과 다시 보면서 알게 되었다.
피터 팬은 이렇게 말했다.

> "멋진 생각을 해봐. 필요한 건 믿음과 신뢰…
> 그리고 요정 가루 조금이야!"

똑같은 요정 가루를 줘도 누군가는 날아오르지 못한다.
멋진 생각, 믿음, 신뢰가 있어야 날아오르는 것이다.
영어를 배울 때도 비슷하다.
똑같은 교재를 보고 똑같은 강의를 들어도
결과의 차이는 너무 크다.

결국 해내는 사람들에겐 해내는 기쁨이 있다.
결국 날아오를 거라는 기대가 있다.
'영어 공부 꿀팁' 같은 요정 가루는
아주 조금 필요할 뿐이다.
요정 가루만 모으고 있는 누군가가 있다면 말해주고 싶다.
멋진 생각을 해보라고!

당연한 것은
없다

가끔 사는 일에 무심해질 때면,
7년 동안 매일 같이 출근했던
이화여대 근처 골목을 떠올린다.
이화여대 정문에서 두 블록 떨어진 그곳에는
내가 운영하는 학원이 있었다.
상가 건물 지하 1층에는 중국, 태국, 베트남 등에서 온
관광객들을 위한 한국 식당이 있었다.
닭갈비, 불고기, 삼겹살 등 한국 음식들을 팔았는데,
꽤 장사가 잘되었고 그 때문에 건물에는
고기 냄새와 연기가 늘 그득했다.

그런데 이상하게도 식사를 마친 관광객들이

식당 앞 골목을 배경으로 기념사진을 찍었다.
특별한 랜드마크가 없었기에
이화여대 학생들이나 우리 학원 학생들은
그 앞에서 사진을 찍는 일이 드물었다.

근처에 있는 이화여대는 달랐다.
정문 근처에 배꽃이 새겨진 벽화,
그 뒤로 이어진 웅장하고 현대적인 ECC라는 건축물,
언덕 너머로 펼쳐지는 고풍스러운 캠퍼스는
기념사진을 찍을 만했고, 나도 그곳에서 사진을 남겼다.
하지만 평범한 골목에서 사진이라니….
그곳에서 사진을 찍으면 그야말로 관광객 인증이다.
그저 평범한 골목에서 왜 그렇게 사진을 찍을까?
이유를 알게 된 것은 몇 년 뒤였다.

2022년 코로나가 찾아왔고,
나는 7년간 운영했던 학원을 폐업했다.
팔 한쪽이 잘려 나가는 느낌이었다.
내 삼십 대가 고스란히 담긴 그곳,
별처럼 많은 기억이 은하수처럼 새겨진 건물이었다.
1층부터 눈을 감고도 올라갈 수 있었던 건물,

첫 번째 난간을 지나 몇 걸음이면 왼쪽으로 꺾이는지,
한꺼번에 두 칸씩 오르면 몇 걸음 만에 도착하는지,
몸이 기억하고 있었다.
어느 정도의 힘으로 밀어야 문이 적당히 열리는지도….
모든 것이 익숙했다.
지나가다가 웃음소리를 듣고
학원에 등록한 사람이 있을 정도로
행복한 공간이었다.

열쇠를 넘기고 보증금을 받았다. 이별이었다.
폐업 절차를 마치고 아이와 함께 학원 건물을 다시 찾았다.
매일 오던 장소였지만
다시 올 일이 없다고 생각하니 서운했다.
마지막으로 건물을 둘러보았다.
그러고 나서 아이와 함께 골목에서 사진을 찍었다.
그때의 그 관광객들처럼.

특수 효과였다.
다시 오지 않을 순간임을 문득 깨달을 때,
마음이 만들어주는 뽀얀 필터가 있다.
매일 오가던 거리도 영화의 한 장면 같다.

김광석의 노래 〈이등병의 편지〉 가사처럼
이별을 앞둔 사람은 집 앞의 풀 한 포기도,
매일 보던 친구 얼굴도 새롭다.

당연하지 않다.
매일 오가던 그 거리도, 함께 일하던 동료들도
그때의 나도.
알고 보면 다 그때라서, 그때의 우리였기에 가능했다.
너무 가까워 볼 수 없었던 것들이 멀어지니 보인다.
어린 시절 매직아이 퍼즐 놀이 같다.

눈앞에 놓인 오늘이라는 그림은
또 몇 년 후에 어떻게 보일까.
가끔 관광객들이 사진을 찍던 장면이 떠오른다.
'관광객 인증'한다며 우습게 여기던 나.
7년 동안 그랬다. 코로나가 올 줄도 몰랐고,
늘 거기 있을 거라고 생각했다.
그렇게 시간을 보냈던 나야말로 우스운 사람이었다.
그 거리처럼 오늘도, 이곳도, 당연하지 않다.

2

나와 나 사이의 공감

적극적이나
이기적이다

"적극적이나 이기적이다."
놀랍게도 초등학교 1학년 성적표에
담임 선생님이 남겨주신 평가다.

사람은 잘 안 변한다.
나는 아직 그렇게 살고 있다.
하고 싶은 거 있으면 어떻게든 해야 하고,
욕심 많고 이기적이고 교만하다.
35여 년 전, 오십 대 남자 담임 선생님의 선 굵은 글씨는
내 인생의 한 줄 평이 되어
돌에 새겨진 운명처럼 그렇게 남아 있다.

적극적이고 이기적으로 살았다.

중학교 2학년 때

휴대용 카세트 플레이어를 사고 싶었지만,

부모님께 사달라고 말할 상황이 아니었다.

알아보니 떡을 팔면 돈을 벌 수 있었다.

혼자 하기는 좀 그래서 같이하자고 동네 친구를 꾀었다.

친구는 의리 있게 나와 함께해줬다.

1,600원에 납품을 받아서 3,000원에 팔아

1,400원을 남겼다.

짝수 동과 홀수 동으로 담당 구역을 정하고 각각 출발했다.

배낭에 떡을 한가득 짊어지고 아파트 5층으로 올라가

한 층씩 내려오며 초인종을 눌렀다.

당시에는 그런 방문 판매가 꽤 많았다.

애써 연약하고 귀여운 목소리로 외쳤다.

"떡 사세요. 중학생인데요. 아르바이트 중입니다."

신기하게도 어젯밤에 제사를 지내서

떡이 남았다는 집이 많았다.

완곡한 거절의 표현이었을 것이다.

고생한다며 3,000원짜리 떡을

5,000원에 사주시는 분도 계셨고,

떡은 안 줘도 된다며 1,000원짜리 지폐 한 장을
그냥 주신 분도 있었다.
마음 따뜻한 어른들을 만날 수 있었다.

떡 장사를 마치고 나니 수중에는 3만 원이 남았다.
큰돈을 벌었다는 사실에 기뻐하던 찰나,
친구의 얼굴이 우리가 팔던 백설기처럼 하얗게 변했다.
그날 번 돈을 잃어버렸다고 했는데 어딘가에 흘렸나 보다.
옷과 가방을 헤집어 보기도 하고,
갔던 길을 돌아가 보기도 했지만 찾을 수 없었다.
순간 고민했다.
내가 번 돈의 절반인 1만 5,000원을
그 친구에게 떼어주면 어떨까?
머릿속으로 수없이 시뮬레이션해 가며 고민했지만,
나는 돈을 나누지 않았다.

돈을 버는 것에는 적극적이었지만,
내 마음엔 나만 있었다.
찝찝한 마음을 안고 집으로 향했다.
시간이 꽤 흘러도 그때의 감정이 잊히지 않았는데
처지가 바뀌었더라면 그 의리 있는 친구는

내게 반을 나눠줬을 거 같다는 생각 때문이었다.
지금도 미안한 마음이 든다.

'1만 5,000원 사건'은 두고두고 괴로웠다.
좀 더 나은 사람처럼 보이고 싶었다.
진심은 아니었지만 때때로 역할극을 했다.
나눔을 잘하는 척 연기했지만 흉내는 흉내일 뿐이었다.
지갑 사정이 좋을 때는 자연스럽게 연기했지만,
상황이 조금이라도 힘들어지면 나눔을 끊고
내 몫 챙기기에 바빴다.
대학에 다니면서도 그랬고, 학원 강사로 일하면서도,
학원을 운영하면서도 그랬다.

화장을 지운 '쌩얼'에 실망하듯이
나와 가까운 사람들이 실망하는 일들이 생겼다.
두려워서 더욱더 연기했다.
생색도 많이 냈다.
나는 이런 것을 나누었네, 저런 것을 나누는 사람이네.
스스로 떠벌였다.

바다는 깊음을 자랑하지 않는다.

바다에게 깊음은 당연한 거니까.
나는 조그만 시냇물 같은 사람인 걸 어쩌나.
내게서 조금이라도 '퐁당한 옹달샘'을 발견하면
동네방네 소문내고 싶은 마음이었다.
"저는 무려 1.5미터짜리 깊이가 있답니다~"

그런 내가 변했다.
안타깝게도 내 예상과 다르게 변했다.
나이가 차면서 적극성이 줄어들었다.
적극적이고 이타적으로 변하고 싶었는데
안타깝게도 소극적이고 이기적으로 변했다.
살면서 발전이 있어야 하는데 무슨 일인가 싶다.
내가 생각했던 이타적인 사람이 되진 못했지만,
생각보다 나쁘진 않다.

이제 내 성격을 인정하게 되었다.
내 성격을 고쳐야 할 나쁜 것으로 생각했기에
용을 쓰며 살았다.
인정하고 나니 편하다.
인터넷에서 구매할 물건의 제품 특징을 읽어내듯이
'그렇구나… 이런 제품이구나… 어떤 장단점이 있구나'

하며 나를 받아들이게 되었다.

포기와는 다르다.

나 자신을 바꿔야 할 '대상'으로 간주하는 대신,

현실적으로 바라보게 되었다.

날카롭지만 위험한 칼이라면 조심해서 다룰 일이지

뭉툭하게 바꿀 필요는 없는 문제다.

아무리 부드럽게 연마해도 칼이 면봉이 될 수는 없으니까.

조금은 덜 적극적인 사람이 되었고,

여전히 이기적인 나 자신을 데리고 주의하며 살고 있다.

언젠가 그때 그 선생님이 다시

한 줄 평을 적어주신다면 이렇지 않을까?

"적극적이나 이기적이라는 사실을

본인도 조금은 알고 있다."

미스터 트롯
출전기

〈미스터 트롯 3〉에 출전했다.

한국에 일이 있어서 일주일간 귀국한 사이에
섭외 전화를 받았다.
〈미스터 트롯〉에 출전해 볼 생각이 있느냐는 것이었다.
오디션 프로그램 특성상
다양한 분야의 출연자를 고루 섭외해
구색을 갖추기 위해서일 것이다.
상다리가 부러질 듯 차려질 〈미스터 트롯 3〉라는
뷔페 밥상에 단무지 정도가 될 운명임을 직감했다.

핑계를 대고 거절하려는 사십 대의 이민호와,

재밌겠다며 도전하라는 이십 대의 이민호가
하나의 수도꼭지에서 나오는 냉수와 온수처럼
다른 감정을 쏟아냈다.
두려웠고 동시에 설렜다.
차분히 기다리다 보니 물이 차가워졌다.
냉수에는 여러 가지가 섞여 있었는데,
할 수 있는 것과 할 수 없는 것을 구분하는
'현실 인식'이 주성분이었다.
나 스스로도 예심을 통과할 거라는 기대가 없었다.
사십 대 이민호가 이겼다.

그럴듯하게 거절해야겠다고 생각하며
일정을 확인하니 이틀 뒤가 예심이었다.
마침 그날 캐나다로 돌아가는 비행기를 타야 했기에
작가님께 전화해 거절하려 했다.
잠시 뒤 모든 걸 뒤바꾸는 문자가 왔다.

"특별 예심이 있어요.
민호 님처럼 일정이 맞지 않는 분들이 모여서
내일 저녁에 예심을 치를 겁니다."

차갑게 흐르던 물이 온수로 변하기 시작했다.
1년 전쯤, 노래를 좋아하는 첫째에게
동요 경연 대회를 권한 적이 있다.
〈누가 누가 잘하나〉라는 방송 프로그램이었는데,
첫째는 자신이 없다며 나가지 않겠다고 했다.
그때 나는 이렇게 말했다.

"잘하기 위해서 나가는 게 아니야. 자라기 위해서 나가는 거야.
그냥 즐기면 돼. 아빠가 함께해줄게."

그 말의 끝점이 나에게 돌아왔다.
도전해 보겠다며 문자를 보냈다.
노래는 김연자의 '아모르 파티'.

일주일 동안 빌린 장모님의 차 안에서 연습했다.
간주를 틀어놓고 부르고 또 불렀다.
예심의 순간이 왔다. 상암동 TV조선 건물.
문을 열고 들어가니
20명 정도의 제작진이 자리하고 있었다.
간주가 길었고, 중간에는 어설프게 춤도 췄다.
이변 없이 탈락이었다.

〈미스터 트롯 3〉라는 커다란 밥상에서
단무지조차 되지 못했다.

예심 장소를 나오는데, 임영웅의 등신대가 눈에 들어왔다.
사진이나 동영상을 남기지 않겠다는
서약서를 작성했던 터라 조심스럽게 물어봤다.

"사진 한 장 찍을 수 있을까요?"

작가님은 눈빛으로 허락해주었다.
나는 임영웅 등신대와 어깨를 나란히 했다.
내 가슴에는 '41세 이민호'라고 크게 적힌
A4 용지가 붙어 있었다.
찰칵! 집으로 돌아오는 귀에서는
내가 불렀던 노래의 가사가 계속 맴돌았다.

아모르 파티. 후회는 없다.
오늘보다 나은 내일이면 충분하다.

굳은살을
판매하는 곳은
없다

캐나다로 떠나기 전 걱정이 앞섰다.
캐나다 생활을 소개하는 한 유튜버의 영상 때문이었다.
유튜버의 아이는 캐나다 초등학교에 다니기 시작하고는
한동안 호주머니에 작은 돌멩이를 가득 담아왔다고 했다.
점심시간에 학교를 찾아가 몰래 아이를 지켜보니,
현지 아이들과 어울리지 못하고 이리저리 서성이며
작은 돌멩이를 골라 주머니에 넣는 모습을 보게 되었고
가슴이 미어졌다고 했다.

아이들 호주머니에 들어 있을 돌멩이를 떠올리다 보니
내 마음도 상상 속 호주머니처럼 점점 무거워졌다.
'우리 아이들에게도 그런 일이 생기면 어쩌지?'

'아이들이 캐나다행을 스스로 결정한 것도 아니잖아?'

걱정을 품은 채 캐나다로 왔고 시간이 흘렀다.
아이들은 밥 잘 먹고, 잘 뛰어놀고, 잘 지냈다.
아이들은 혼자가 아니었기 때문이다.

같은 상황에 부닥친 다른 한국 아이들이 있었다.
같은 학기에 캐나다 생활을 시작했거나
한두 학기 전에 도착해 새로움에 적응 중인
아이들 대여섯 명은 서로에게 의지했다.
학교가 끝나면 몇몇 한국 아이들은 약속한 듯 모여서
놀이터 옆에 있는 튼튼한 나무를 오르내렸다.
근처 언덕을 뛰어다니고, 남은 간식을 나눠 먹었다.
송사리 떼처럼 몰려다니는 모습을 보며
서로에게 의지할 친구들이 있음에 감사했다.

그런데 시간이 좀 지나자 새로운 걱정이 싹텄다.
저 송사리들이 자기들끼리만 계속 몰려다니면
어쩌나 싶었다.
캐나다라는 새로운 바다에 왔으니
다른 종의 물고기들과 어울리고,

영어라는 아가미 활용법을 배우면 좋겠는데
한국어만 쓰는 것 같았다.
마치 바다에 몸만 담근 채
아가미는 쓰지 않고, 긴 빨대를 물 밖으로 빼내어
한국어라는 산소를 마시는 것 같았다.

그런데 한국 아이들만 그러는 게 아니었다.
놀이터에서 나라별로 옹기종기 모여 있는 모습이
깃발만 안 들었지 올림픽 개막식 같았다.
중국 아이들은 중국 아이들끼리,
이란 아이들은 이란 아이들끼리,
한국 아이들은 한국 아이들끼리 옹기종기 모여 놀았다.

"다른 나라 친구들하고도 함께 놀면 어떨까?"
이렇게 말해주면서도 스스로 면이 안 섰다.
누구나 편한 걸 찾는 게 본능이니까.
나 역시 넷플릭스를 한국어 자막으로 보면서
아이에게 그런 말 할 자격이 있나 싶었다.

변화는 시간 속에서 자연스럽게 찾아왔다.

놀이터에서 아이들이 어느 날부턴가
영어를 섞어 쓰고 있었다.
자연스럽게 다른 인종 아이들과 어울려 놀고 있었다.
아이들은 아가미 사용법을 조금씩 익혀가고 있었나 보다.
처음으로 들어간 캐나다라는 물속에서
당장은 한국어라는 공기가 편했겠지만,
물에 적응해 가며 서서히 아가미 호흡을 익혀간 것이다.
시간이 지났고, 그 유튜버의 새로운 소식도 들려왔다.
돌을 줍던 그 아이 역시 잘 적응하고 있다고 했다.

아이들도, 어른들도 시간 속에서 서서히 자란다.
변화의 물결 속에서 어떻게든
숨 쉬는 법을 배워 여기까지 살아왔듯이,
아이들 역시 자신만의 호흡을 찾아간 것이다.

캐나다 초등학교의 첫 학기가 끝나가는 12월이 되었다.
아이들은 종종 노래를 흥얼거렸고
춤을 연습하는 듯 보였다.
부모들은 아이들의 크리스마스 공연에 초대되었다.
체육관에 빼곡히 놓인 의자에 가족들이 삼삼오오 앉았다.
우리 부부도 우리를 닮은 물고기를 무대 위에서 찾아냈다.

올림픽 폐막식은 개막식과는 확실히 다른 모습이었다.
다른 모습의 아이들이 하나의 노래를 부르고 있었다.
한 아이가 공연 중에 드럼 스틱을 찾지 못해 헤매느라
잠시 공연이 멈췄다.
주변에 있던 다른 친구가 두리번거리며
바닥에 떨어진 스틱을 찾아서 그 아이에게 건네주었고
공연은 다시 이어졌다.
사소한 장면이었지만 아이들이 서로 돕는 모습에
괜스레 울컥했다.

내가 걱정하던 아이들은 이제 나보다 더 넓은 물에서
더 오래 헤엄치며 더 유연하게 배워갈 것이다.
요즘은 아이들이 가끔 나의 영어 발음을 지적한다.
내가 명색이 영어 선생인데….
딸에게 발음을 지적당하니 좀 부끄럽지만 어쩌겠나.
이제 시작일 뿐이라 생각하며 새로운 호흡을 배워야지.

내려놓지 않은 시간에는 마법이 있다.
기타를 처음 배웠을 때
손가락이 종이에 베인 듯 쓰렸지만
아픔 위로 연주를 멈추지 않으니 굳은살이 생겼다.

그때부턴 굳은살이 연주를 시작했고
더 이상 아프지 않았다.

굳은살을 판매하는 곳은 없다.
좀 걱정되고, 두려워도
삶이라는 연주를 멈추지 않을 때,
시간은 내게 꼭 필요한 것을 선물로 준다.

줏대로
살아야지

파란 유니폼을 입은 홍명보 선수가
독일을 상대로 골을 넣었다.
5층짜리 아파트가 흔들릴 정도로 큰 함성이 들렸다.
앞 동, 뒷 동, 아파트 단지 전체에 울려 퍼지는
동네 주민들의 함성에 전율을 느꼈다.
이거구나. 동네 강아지조차 흥분하게 만든 그 순간,
축구가 가슴으로 다가왔다.
1994년도 즈음 초등학교에 다닌 많은 아이가 그랬다.

그 뒤로 학교 운동장은 점심시간이면
황사가 찾아오는 것 같았다.
수십 명의 아이가 운동장을 가득 채워 달리며

모래바람을 일으켰다.
동시에 다섯 경기 정도가 펼쳐지면
다섯 명의 골키퍼가 한 골대를 지키기도 했다.
뿌연 먼지에 사람도, 공도 많아서
자기 팀을 못 찾고 공을 막지 못하는 일도 많았다.
골을 먹게 된 고학년 형들은
시야를 방해한 저학년 아이의 엉덩이를
온 힘을 다해 걷어찼다.
험악한 분위기도 잠시, 먼지가 가라앉을 때쯤이면
아무 일도 없다는 듯 "패스~"를 외치며
경기가 시작되었다.
모두가 뜨거웠고 아무도 멈출 수 없었다.

축구를 끝낸 것은 농구였다.
〈마지막 승부〉라는 드라마가 먼저였는지,
《슬램덩크》였는지, 〈농구 대잔치〉였는지 모르겠다.
얽히고설켜서 농구의 인기가 높아졌다.
공을 손에 잡으면 귀에서는 〈마지막 승부〉의 주제가가
"빠바밤 빰빰 빰빰 빠밤빰바바~~" 하고 나오는 듯했다.
《슬램덩크》의 주인공 강백호를 따라서 머리를 빡빡 밀고
'천재'라며 스스로를 칭하는 아이도 많았다.

물론 나도 그중 하나였다.

형이 있는 아이들은 NBA 경기에 대해서도 아는 듯했다.
아는 척하고 싶어서 마이클 조던의 팀 동료
피펜 이야기를 하려다가 '피펫'이라고 말해
웃음을 샀던 기억도 난다.
나는 축구도, 농구도 그다지 잘하진 못했지만
여느 아이들처럼 열광에 동참했다.
쉬는 시간, 점심시간, 방과 후 틈날 때면
교복이 땀에 절도록 농구를 했다.
몹시 더운 여름에도 멈출 수 없었다.

'인간은 타인의 욕망을 욕망한다'던데
되돌아보니 나 역시 그랬던 것 같다.
온 국민이 축구에 열광할 때 나도 동참했고,
농구에 열광하는 친구들을 따라 농구를 하게 되었다.
내가 스스로 원한다고 생각했던 것들조차
주변의 욕망에 동화된 결과인 경우가 많았다.

유행은 조류와 같다.
파도는 흔들지만 조류는 휩쓴다.

맹자 엄마는 그래서 이사를 다녔나 보다.
나쁜 조류에 휩쓸리지 말라고.
이젠 나도 맹자의 어머니처럼 나를 옮겨준다.
짐 싸서 지역을 옮기는 이사를 말하는 것이 아니다.
내게 건강한 방향성을 주는 사람들을 만나고,
만날 수 없다면 그런 사람의 책을 읽거나
SNS를 팔로우한다.
여가를 같이 보내고, 가족도 함께 만난다.
그들과 붙어 있어야 그들에게 휩쓸리기 때문이다.
거대한 조류를 이겨내긴 어렵지만,
가끔이나마 조류를 선택할 기회가 온다.

막 짜고, 달고, 맵고, 입안에서 팡팡 터지지 않아도
미온수같이 내 삶에 평온을 주는 사람들이 있다.
사회 구성원으로서, 가족 구성원으로서 책임을 다하며,
의견이 다른 사람에게도 존중과 배려를 보내고
지혜가 있는 사람들이 있다.
그들 곁에서 물들어 흘러가고 싶다.

좋은 흐름에 몸을 맡기는 것만큼이나
좋지 않은 흐름에서 몸을 빼는 것도 중요하다.

목적지가 같더라도 수온이 다르면 몸을 빼야 한다.
너무 차가운 집단에 있으면 저체온증에 걸리고,
너무 뜨거운 집단에 있으면 탈진하기 때문이다.
옮겨탈 타이밍은 지하철 환승역처럼 반드시 온다.
그 순간을 알아볼 지혜와 뛰쳐나올 용기를
미리 준비해 놓아야 한다.

자유로운 사람에겐 유연하고 단단한 줏대가 있다.
세상이란 조류에 온종일 휩쓸려 다녔더라도
잠깐씩 나누는 자신과의 대화가 모이면 줏대가 된다.
세상이 좋다고 해도 내게는 싫은 것,
남들이 싫다고 해도 내게는 좋은 것을
나 말고 누구에게 물어보겠는가?
'해보니 진짜 어땠어?' '정말 네가 원하는 게 맞았어?'
스스로 묻고 답하다 보면 나라는 인간의 데이터가 쌓인다.

내가 가진 진짜 온도, 속도, 명도, 채도, 밀도 등이
데이터로 쌓이면 줏대는 유연하고 단단해진다.
타인의 줏대를 존중하는 유연함,
모두가 열광하는 매력적인 조류라도
쉽게 발 담그지 않을 단단함.

자신과 대화를 많이 해본 사람은
그런 감각과 힘도 생기기 마련이다.
그런 줏대를 갖추고, 줏대로 살고 싶다.

나를
알아간다는
것

"누나…, 나 뭐 먹고 살아야 할지 모르겠다."

스물네 살, 숨이 막힐 듯 불안했다.
두통이 습관처럼 찾아왔다.
누나는 늘 용기를 줬지만,
결국엔 스스로 감당해야 할 일이었다.
학점은 3.0을 겨우 넘겼고, 취업 준비는 집중할 수 없었다.
목표 없는 방황이었다.

[졸업 패션쇼. 학생 모델 구합니다.]
게시판에 구인 글이 붙었다.
바람에 팔랑이는 A4용지의 박자에 맞춰

심장이 두근거렸다.
바로 패션 디자인학과 사무실로 찾아가서 지원했다.

"저 모델 할 수 있을까요?"

무대에 서는 것은 늘 좋았다.
장기자랑, 사물놀이, 연극부, 밴드, 돌잔치 사회까지….
무대는 기쁨의 공간이었다.
모델로 서게 된 이 무대도
행복한 경험이려니 했는데 기대와 달랐다.
나중에 생각해 보니 무대에 서는 그 자체보다
무대에서 사람들과 소통하는 것을 좋아했다.
돌아가 취업 준비를 해야 할 시기였지만, 방황은 이어졌다.

비슷한 시점에 생계를 위해
팬시점에서 아르바이트를 했다.
시내 중심에 위치해 사람들이 많이 오가는
'텐바이텐'이라는 곳이었다.
아기자기한 아이디어 상품들이 많았는데,
사람들한테 설명해주는 게 좋았다.
값비싼 물품들은 아니었지만

작고 예쁜 다이어리, 피식 웃게 하는 특이한 볼펜,
일상에 재미를 주는 아이디어 상품을 사 가는
사람들의 표정에는 작은 미소가 있었다.

팬시점의 몇 개월 동안 나에 대해서 더 알게 되었다.
나는 사람과 소통하며, 그들의 미소를 보는 게 좋았다.
또 성격이 급해서 내 행동의 피드백이
즉각적으로 나타나는 게 좋았다.
촬영은 오늘 하고 나중에 개봉하는 '영화'보다,
오늘 눈앞의 관객과 마주하는 '연극'이 주는
즉각적인 피드백을 좋아했다.
팬시점 아르바이트는 최저 시급이었지만,
사람들의 미소가 보너스처럼 느껴져서
왠지 그걸로 충분하다고 느꼈다.

아는 분의 소개로 〈오마이뉴스〉라는 인터넷 언론사에서
계약직으로 일했다.
6밀리 카메라 촬영과 편집을 맡게 되었는데
매일 같이 사건 사고 현장에 다녔다.
이때 청와대, 선거 유세 현장, 시위 현장, 경찰서를 가봤다.
뉴스 현장의 심각한 분위기가 감정적으로 힘들었다.

혼자서 영상을 편집하는 순간은 지루하거나 외로웠다.
명함에 적힌 '이민호 기자'의 직함은 꽤 그럴듯했지만
내게는 맞지 않는다는 생각이 들었다.
윗사람들도 그렇게 느꼈는지 계약은 3개월로 종료되었다.
뒤이어 아르바이트 웹사이트를 통해
여러 가지 일을 해봤다.
주유소, 채소 파는 아르바이트, 행사 보조, 공장 근무 등….
방황이라고 생각했던 시간인데
'방황'이 아닌 '방향'에 가까운 시간이었음을 알게 되었다.

어렸을 때 들었던 공부에 관한 협박이 있다.
공부 못하면 더울 땐 더운 곳에서 일하고,
추울 땐 추운 데서 일해야 한다는 것이다.
살아 보니 진짜 무서운 건 따로 있었다.

추운 곳 자체는 비극이 아니다.
더위를 즐기는 사람이
추운 곳에서 일해야 하는 게 비극이다.
더위 자체는 비극이 아니다.
추위를 즐기는 사람이 더운 데서 일하는 게 비극이다.
몸 쓰길 좋아하는 사람이

머리 쓰는 일을 하는 것이 비극이고,
혼자서 일하길 좋아하는 사람이
긴밀한 협업을 해야 하는 게 비극이다.

이런 비극을 피하려면
'학교 공부'만큼이나 '나 공부'를 해야 한다.
방황처럼 느껴졌던 이십 대의 경험들이
우연하게도 '나 공부'의 시간이었다는 것을 알게 되었다.
머리 아플 정도로 불안한 시기에
집중할 수 없어서 어쩔 수 없이 흘러든 곳,
당장 생활비가 필요해서 해본 일들이
내가 어떤 사람인지 알 수 있게 도와줬다.

인생이라는 뷔페가 있다.
첫 접시에는 추천 메뉴를 담는다.
다들 맛있다는 음식이니 나도 먹는다.
하지만 두 번째 접시에는 점점 내 입맛을 반영한다.
"그게 뭐가 맛있냐?"라고 누가 핀잔을 줘도
흔들리지 않을 내 입맛을 찾으려면
호기심 따라 다른 음식에도 손을 대봐야 한다.
그것이 '나 공부'이다.

충분한 시간을 쏟는 것이 공부의 왕도이듯
나 공부도 시간이 필요하다.
성적이나 자격증처럼
누군가 도장을 찍어주는 것이 아니기에
방황처럼 보이기도 한다.
주변에 빠른 길을 찾은 사람들을 보면
스스로가 더 초라하게 느껴진다.
그럼에도 우리는 '나 공부'에 시간을 쏟아야 한다.

진도가 느린 것 같아도 해야 한다.
속도를 아쉬워할 필요도 없다.
틀린 방향으로 빨리, 멀리 가면 더 큰 방향이 될 뿐이니까.
살며시 다음 접시를 집어 들고
세상이란 뷔페로 걸어 들어가면 된다.
인생 뷔페에 입장했다면 살아 있는 동안 무한 리필이니까.

나는 거름이 되어,
너의 걸음이 된다

나라는 인간의 바닥이 이렇게 생겼는지
보게 되는 날이 있다.
꽤 깊을 줄 알고 내려가는데
금세 마주한 바닥에 엉덩방아를 찧기도 한다.

그날도 처음엔 좋았다.
아이들과 놀이터에서 한참을 놀았다.
지나가기도 힘든 놀이기구의 입구들을
웅크려 가며 통과했다.
얼음을 외치고, 고드름도 외치고, 무궁화꽃이 피어나니
아이들은 신이 났다.
아이들의 미소를 보며 나 역시 뿌듯한 마음이 들었다.

"아빠~ 우리 수영장도 가자!"
한참 신난 아이들이 반짝이는 눈으로 말했다.
몸이 조금 피곤하고 해야 할 일도 생각났지만,
사랑에 빠진 남자는 거절을 모른다.

수영장으로 향하며 차 창문을 열었다.
왼팔을 운전석 창가에 살짝 걸치고
다가오는 바람을 맞이하며 휘파람까지 불었다.
이 정도면 괜찮은 아빠 같다는 생각이 들었는데,
수영장에 도착해서 문제가 발생했다.
내 체력과 정신력이 바닥이 나고 있었고,
해야 할 일들은 머릿속에서 원숭이처럼 뛰어다녔다.

슬슬 짜증이 올라왔다.
표정이 굳어가고 대답은 짧아졌다.
아이들은 어느새 내 눈치를 본다.
집에 와서 아이들을 재울 때쯤에는 상당히 예민해졌다.
내뱉은 날카로운 말들은
실수로 새어 나온 방귀처럼 도로 담을 수도 없었다.

마음의 크기를 늘릴 수 있으면 좋으련만,

인내심은 텀블러에 담아둔 물처럼
하루를 살아가며 서서히 줄어든다.
각종 돌발 상황, 요구 사항들을 케어하다 보면
물병은 결국 바닥을 보인다.
천사 같던 아빠는 어느덧, 독사처럼 변해 있었다.

"아빠가 아까 짜증 내서 미안해."
아이들은 너무나 쉽게 괜찮다고 말하지만
나는 내가 괜찮지 않다.
'나는 이거밖에 안 되는 사람이구나.'
이 정도 마음의 크기로 어떻게
이어질 날들을 감당할까 걱정하던 날들이 있었는데,
해결의 실마리는 내가 쥔 것이 아니었다.

내 마음의 크기는 변하지 않았지만,
아이들이 가진 마음의 텀블러가 조금씩 커졌다.
1년 전에 첫째와 풀었던 스도쿠책을 다시 펼쳤다.
그때는 잘 모르겠다며 짜증 내며 포기했던 것들도
아이는 이제 제법 오래 앉아서 퍼즐을 즐긴다.
틀려도 박박 줄로 긋지 않고,
지우개로 차분하게 지우고 고민하는 녀석이 대견하다.

둘째는 우노(UNO) 게임을 하다가 지면 풀이 죽고,
눈에는 눈물이 고였었는데,
이제는 한 판 더하자며 넉살을 떨기도 한다.

내가 지쳐있는 날에는 눈치껏 등 뒤로 달려들어
안마를 해주겠다고 한다.
작은 감귤만 한 두 손이 모여 네 개의 감귤이
등을 토닥토닥 두드리면 샘물처럼 퐁퐁퐁퐁,
내가 마주했던 바닥에서 마음이 차오른다.

꽃이 떨어져야 열매가 맺힌다고 한다.
사랑하는 존재에게 우리가 쏟아낸 것들은
결코 사라지지 않는다.
헬스장에서 흘린 땀들이 건강으로 돌아오듯,
모양을 달리한 결괏값은 반드시 찾아온다.
쓰러진 꽃은 그 아래서 자라나고 있는 것에 거름이 된다.

쓰러지는 그 자리가 의미 있는 곳이라면,
나의 바닥은 끝이 아니라, 시작이다.
어제의 내가 떨어지고 새로운 내가 피어날 곳은 어디인가?

자신감 있는
아이로
키우는 법

"자신감은 당신이 자녀에게 줄 수 있는 것이 아니다.

아이들 스스로 키워나가야 하는 것이다.

그레이엄 코치는 나약할 틈을 없게 만들었다.

그는 자신감을 발달시키는 데는

오직 한 가지 방법만이 존재한다는 것을 알고 있었다. 아이들에게

도저히 가능해 보이지 않는 과제를 내주고,

할 수 있다는 것을 스스로 알게 될 때까지 열심히 노력하게 이끈다.

그리고 계속 그 과정을 반복하라."

—《마지막 강의》랜디 포시, 제프리 재슬로 지음, 심은우 옮김, 살림, 2011.

캐나다에서 곰을 보는 건
우연히 연예인을 본 것과 비슷하다.

자주는 아니지만 종종 여기저기서 만난다.
"나 오늘 카페에서 아이돌 봤어"라고 말하면
주변에선 함께 신나 하며
"어땠어? 실물은 어때? 왜 왔대? 사진은 찍었어?"
이런 말이 이어지듯 곰을 본 날도 비슷한 대화가 오간다.
실물은 어땠는지, 왜 왔는지, 사진이나 동영상은 찍었는지
등을 주제로 한동안 들떠서 이야기를 나눈다.

뒤뜰에 아기 곰이 찾아왔다.
짧은 발로 생각보다 민첩하게 펜스를 넘어 들어오는데
놀랍고 반가웠다.
손 뻗으면 닿을 정도의 거리에서 곰을 본 것은 처음이었다.
유리창 넘어 대충 봐도 털이 고르지 않고 쭈뼛쭈뼛했다.
먹을 게 없으면 사람이 사는 곳에 내려온다는데
엄마를 잃고 혼자 돌아다닌다는 그 곰이 맞는 것 같았다.
우리 아이 모습이 아른거렸고
안쓰러운 마음에 먹을 것을 주고 싶었지만 그럴 수 없다.
야생 동물에게 먹이를 주는 것은 불법인데,
그것이 그 동물이나 생태계를 위하는 게 아니기 때문이다.
인간의 음식이 동물에게 해로울 수 있고,
더 중요한 이유는 쉽게 먹이를 얻다 보면

스스로 먹이를 찾는 능력을 잃기 때문이라고 한다.
오늘 못 먹으면 하루를 굶지만
그 능력을 잃으면 평생을 굶는 것이다.

그런 차원에서 캐나다의 야외 쓰레기통은 열기 어렵다.
곰과 같은 야생 동물이 열 수 없게 설계되었는데,
방 탈출 카페에서처럼 트릭을 깨면서 열어야 한다.
사람이 발로 꾹 밟거나, 감춰진 레버를 손가락으로 누른 채
뚜껑을 들어올려야 한다.
안으로 손을 집어넣기 힘들 만큼 입구가 좁아
작은 동물조차 들어갈 수 없는 구조로 만들어졌다.
공원, 놀이터를 비롯한 야외 쓰레기통이라면 예외가 없다.
처음 보는 쓰레기통 앞에 서면 괜히 긴장된다.
주변에 보는 사람이 있다면
공개 아이큐 테스트를 받는 기분이다.
못 열면 동물, 열면 사람이다.
열기 힘든 쓰레기통은 동물 스스로 먹이를 찾게 만든다.
그것이 궁극적으로 동물을 돕는 길이다.
어렵게 얻어야만 제대로 얻을 수 있는 것은
인간도 마찬가지다.

아이들 스케이트 레슨을 등록했는데 둘째가 문제였다.
지난여름 수영을 배우러 갔을 때가 떠올랐다.
엄마 아빠랑 떨어져 받는 첫 수업이 무서웠는지,
수영장이 떠나갈 듯 울었다.
결국, 수업을 취소할 수밖에 없었고
스케이트는 두 번째 시도였는데
역시나 쉽게 적응하지 못했다.
갓 태어난 송아지처럼 빙판 위에서 계속 넘어졌다.
몇 번을 넘어지더니 결국엔 일어서기를 포기하고
울기 시작했다.
근처 창문에 들러붙어서 응원의 눈빛을 보냈다.
엄마 아빠 여기 있다…. 아자…, 힘내라….

어쩜 그렇게 끊임없이 우는지.
수업 시간의 80%를 울면서 보냈다.
한 주가 지나 두 번째 시간도 마찬가지었다.
아이에게 몹쓸 짓을 하는 거 같아서
세 번째 시간을 앞두고 레슨을 중단하기로 했다.
아내는 혼란스러워했다.
아이의 마음을 존중해주는 것도 중요하지만
운다고 계속 안 시키면 아무것도 못 배우게 되는 건 아닐까 걱정했다.
지푸라기 잡는 심정으로 선생님께
어떻게 하면 좋을지 여쭤보았다.
50분 내내 우는 아이를 친절하게 돌봐주던
그 다정한 선생님은 제안을 하나 했다.
우리 부부더러 아이가 안 보이는 곳에 있어 보라고 했다.
나라 잃은 듯 우는 아이를 두고 어딜 간다는 말인가?
스케이트장 한번 눈물바다로 만들어 볼 텐가?
걱정되었지만 다정하고 믿음이 가는 선생님 말씀이었기에
염려를 억누르고 아이가 볼 수 없는 모퉁이로 걸어갔다.
혹시나 있을 돌발 상황만 확인하고자
틈틈이 몰래 지켜보기만 했다.
그리고 놀라운 일이 일어났다.

그날 아이는 처음으로 얼음판 위에서
꽤 좋은 시간을 보냈다.
수업이 끝나고 선생님께서도 다행이라며
간혹 이런 경우가 있다고 했다.
부모가 지켜보고 있으면 아이들이 더 크게 울고
그칠 줄 모르는 경우가 있다며
눈빛으로라도 기댈 곳이 없어야

그 체념 속에서 수업에 집중하는 경우가 있다고 했다.
둘째는 그날을 기점으로 조금씩 나아지더니
점점 스케이트를 즐기게 되었다.
6개월이 지나서는 언니를 따라
제법 빠르게 달리기도 하고,
나를 돌고래 모양의 의자에 앉히고 밀어주기까지 했다.
레슨 첫날 펑펑 울던 모습이 겹치며 감격스러워
내 눈에 눈물이 났다.

못할 것 같다는 전쟁 같은 마음을 이겨내면
전리품으로 자신감을 얻는다.
요즘 둘째는 놀이터에서 자기가 한번 해보겠다고
철봉에 매달리고 미끄럼틀에서 뛰어내리고
높은 곳에 올라타는 도전을 한다.
좀 더 커서 그런 것도 있겠지만
분명 아이의 마음에 심긴 작은 성공이라는 씨앗과
새싹처럼 자라난 자신감을 느낄 수 있었다.
그래, 이런 좋은 날도 온다.
육아엔 정답이 없으니 부모들은 더 힘들다.
기질과 상황에 따라 필요한 것은 그때그때 다르다.
저 집과 우리 집이 다르고,

첫째랑 둘째가 다르고, 어제와 오늘이 다르다.
졸릴 때, 배고플 때, 갖고 싶은 거 못 가졌을 때,
얻어냈을 때 다 다르다.
오은영 선생님께서 오늘의 문제를 해결해주신다 해도,
내일은 또 다른 문제가 생기니
결국 스스로 현명한 부모로 성장하는 것이
우리 가정이라는 생태계를 건강하게 유지하는 방법이다.
우리는 계속 넘어져서 퍼런 무릎을 가진 부모지만,
처음보다는 조금 나은 부모가 된 것 같다고
말할 수는 있다.
어려움을 이겨내며 부모 마음에도 자신감이 싹튼다.

도저히 쉽게는 얻을 수 없는,
어려운 방식으로만 배울 수 있는 것들이 있다.
육아로 지친 하루하루가 쌓여가던 어느 날,
눈을 감으니 아이 얼굴 뒤로 어렸던 내 얼굴이 스친다.
그때 내 곁을 지켜주던 부모님의 주름살 하나 없는 얼굴이
사진처럼 때로 동영상으로 선명히 떠오른다.
이 마법 같은 영상을 플레이하는 다른 방법을
나는 알지 못한다.

**추억은
점과 선이
되겠지만**

첫 서울 구경은 1994년이었다.
이를 기억하는 이유는 가수 박진영 때문이다.
박진영은 그해에 데뷔했고, 사촌 누나의 빨간색 티코에서
박진영의 1집 앨범이 오토리버스로 계속 흘러나왔다.
〈날 떠나지 마〉라는 노래는 참 신났고
〈너의 뒤에서〉는 슬펐다.
그 가수의 앨범 수록곡 전체를 따라 부르는 누나가
참 세련되어 보였다.
창밖으로 끝없이 펼쳐지는 새로운 풍경 속에
박진영의 노래만이 반복되는 유일한 것이었다.

백미러에는 귀여운 캐릭터가 그려진 방향제가 달랑거렸다.

세상 처음 맡아본 향기였고 참 달콤했다.
아버지나 삼촌 차에서 나던 페퍼민트 향과는 달랐다.
그 향이 좋아서 얼른 차에 타고 싶었다.
엄마·아빠 없이 표류하는 바다 같은 곳에서
빨간색 티코는 삼 남매의 구명보트였고
사촌 누나는 선장이었다.
선장님은 우리를 계속 새로운 세계로 이끌어줬다.

서른한 가지 맛의 아이스크림 가게 이야기를 들었을 때는
장난이라 생각했다.
딸기, 바닐라, 초콜릿 말고 뭐가 더 있지?
죠스바, 수박바, 스크루바 같은 걸 말하나?
처음 듣는 이름의 아이스크림을 마주하고
당황한 삼 남매를 위해
사촌 누나는 피스타치오 아몬드, 체리쥬빌레,
아몬드봉봉을 대신 골라줬다.
서울 사람이 다 된 사촌 누나의 추천은 헌법과 같았다.

따로 팔아도 될 것 같은 견고한 플라스틱 숟가락을
달라는 대로 주는 것도 신기했다.
네 명이 아니고 여섯 명이라고 말했으면

진짜 숟가락을 여섯 개 주었을까 궁금했다.
모르는 사람인데 집에 도착하기까지 몇 분 걸리느냐고
묻는 이유도 궁금했다.
그날은 드라이아이스라는 것을 처음 본 날이었다.

그때 서울에 며칠 머물렀을 텐데
신기하게도 이튿날부터는 기억이 나지 않는다.
네 명에겐 턱없이 좁았던 사촌 누나의 작은 원룸,
화장대와 침대 사이쯤에 앉아
피스타치오 아몬드를 먹고는
이것이 서울의 맛인가 싶었다.
볼링장을 갔었나? 63빌딩을 갔었나?
첫날과 달리 그 뒤의 기억은
지우개로 열심히 지운 연필 글씨처럼 희미하다.

"아이들이 나중에 얼마나 기억할까?"
캐나다에 왔을 때 아이들은 일곱 살과 다섯 살이었다.
기록은 남겠지만 기억은 잊힐 나이.
스마트폰 사진과 영상이 아니라면
오늘도 대부분 잊힐 것이다.

8세 이전의 하루를
어제처럼 기억하는 사람은 없을 것이다.
대부분 잊힐 하루하루를 너, 나, 우리는
참, 부지런히, 차곡차곡 쌓아가고 있다.

캐나다에 남기 위해 영주권을 따야 할지,
한국으로 다시 돌아가야 할지 헷갈렸다.
무엇이 더 좋은 선택일지는 늘 명확하지 않다.
중간고사 범위처럼
누군가에게 물어볼 수 있는 것도 아니다.
삶을 그려가는 각도가 다 달라서
모두에게 적용되는 것들의 개수는 갈수록 적어진다.
1~2년 뒤엔 또 어디로 흘러갈지 모르지만
살짝살짝 길을 알려주는 힌트가 없는 것은 아니다.
바로, 흐릿한 신호를 보내는 '느낌'들이다.

기억은 사라져도 느낌은 살아남는다.
느낌이란 대체로 모호한 것이지만
아무것도 없는 어두운 밤 같은 순간,
희미하게 반짝이며 길을 안내한다.
어린 시절 서울에 대한 기억은 대부분 지워졌지만

그 느낌은 남았다.
그 느낌은 지금의 나에게 조금씩 용기를 준다.
두렵지만 다가간다면 여태껏 듣지 못했던
신나는 노래가 있을 수 있다고.
지금까진 맡아보지 못한
달콤한 향기가 있을지도 모른다고.
피스타치오 아몬드처럼, 그날 이후로 30년을 먹게 될
오래된 친구 같은 새로운 맛을 소개받을지도 모른다고….

그래서 아이들이 얼마나 기억할지는 중요하지 않다.
아이들이 하나라도 느낄 수 있다면 그걸로 충분할 것 같다.
시간이 지나면 어느 날은 '점'처럼 작아질 것이고,
어느 날은 '선'처럼 짧아지겠지만
그것들이 모여서 모스 부호 같은 메시지를 만들어 낸다.
그 느낌들이 만들어 낸 메시지가
아이들 삶에 용기를 준다면
기억이 사라지고, 우리가 사라질 그날에도
조금은 든든할 것 같다.

비포장 길을
가고 있어도

너무 힘들어서 울먹였다.
"엄마…, 속이 울렁거려요…."
아버지의 빨간 봉고차는 먼지를 일으키며
함안에서 열리는 오일장을 향하고 있었다.
1980년대 후반이라 비포장 길이 많았다.
때때로 지진이 난 듯 흔들거리는 차 속에서 멀미가 났다.
어린 나이에 장거리 여행이 지루하기도 했으리라.
얼른 집으로 돌아가자며 칭얼댔고
모처럼의 가족 외출은 엉망이 되어가고 있었다.

구세주는 여섯 살 많은 큰누나였다.
항상 유쾌했던 누나는 나를 다그치는 대신

갑자기 웃어 보였다.
그러고는 집게손가락을 들어
허공을 찌르는 자세를 시켰다.
겨우 손가락을 올리고 있었는데
다음 비포장 길이 시작될 때 누나가 외쳤다.
"자동 디스코~"
놀라운 일이 생겼다.
가요 순위 프로그램 〈가요 톱텐〉에 나오는 사람들처럼
내가 디스코 춤을 추고 있었다.
흔들리는 차 덕분에 몸이 위아래로 자동으로 움직였고,
손가락은 봉고차의 천장을 찌를 듯 솟아오르기도 했다.
누나와 한동안 '자동 디스코 놀이'를 했다.
나중엔 비포장길을 기다리기까지 했다.
누나 덕분에 고통의 강을 래프팅하듯이 건널 수 있었다.

"피할 수 없으면 즐겨라"라는 말을 들을 때
난 늘 누나와의 일화가 떠오른다.
'즐긴다'라는 것은 고도의 정신적 활동으로
'즐겁다'와는 다른 개념이다.
'즐겁다'는 '마음에 거슬림이 없이 흐뭇하고 기쁘다'라는
뜻이다.

이는 노력하지 않아도 내 입맛에 딱 맞은 상태이다.
한편 '즐기다'는 '즐겁게 누리거나 맛보다'라는 뜻인데,
즐겁지 않은 상황이라도 받아들이고
기쁨을 만드는 삶의 태도를 의미한다.
누나에게 받았던 태도의 바통을 넘기고 싶었다.
그리고 기회가 왔다.

얼마 전 첫째가 걱정스러운 얼굴로 말했다.
영어 단어 대회가 있는데 도전이 망설여진다고.
1등 상품은 50달러짜리 기프트 카드였다.
평소 눈여겨보던 레고가 45달러였기에
구미가 당겼나 보다.
첫째의 미간이 찌푸려지고 아랫입술이 약간 두꺼워졌다.
아이가 즐길 수 있도록 돕고 싶었다.

아빠랑 함께하자!
단어 퀴즈 만들기 프로그램에 단어들을 입력했다.
단어를 연상하기 쉽도록 사진을 직접 골라가며
아이의 미간이 조금씩 펴지는 게 느껴졌다.
아이는 뭔가 스스로 만드는 걸 좋아한다.
퀴즈가 완성되자 시간 가는 줄 모르고 풀더니

50문제를 거의 다 맞추었다.
손수 만든 음식은 더 깊이 음미하게 되어 있다.

테스트가 끝나갈 무렵 첫째에게 물었다.
이 링크를 시험에 도전할 다른 친구들에게
주는 건 어떻겠냐고.
선생님을 통해서 이 링크를 전달하면
다른 친구들도 공부할 수 있을 거라고.
아이는 너무나 설레는 듯했다.
평소 뭔가 만들어서 주변에 나누는 걸 좋아했기에,
누군가에게 도움을 줄 수 있다는 사실에 크게 기뻐했다.
선생님께 링크를 전달했다.
시계를 보니 잘 시간이 훌쩍 넘었다.
아이는 반짝이는 눈빛으로 뿌듯한 포옹을 하고는
꿀잠을 잤다.

하기 싫은 일 하기
vs
좋아하는 일 못 하기

나는 새 모이 담당이었다.
6학년 6반의 교실 뒤편에는 수많은 동식물이 있었는데,
교실에 들어서면 물비린내가 날 정도였다.
금붕어, 거북이, 각종 화초가 아마존처럼 빼곡히 있었다.
매일 아침 노란색 왕관 앵무새가 사는 새장 철창 사이로
길고 가느다란 국수를 넣어주는 게 일이었다.
국수를 넣어주면 뾰족한 부리가 부지런히 움직였고
어느새 하얀 면발이 입속으로 사라졌다.
13년 인생에 처음으로
누군가의 먹고사는 문제에 관여한다는
묵직한 느낌에 자주 가슴이 벅차올랐다.
그런데 어느 날 그 기쁨을 박탈당했다.

나는 까불거렸고 말이 참 많았다.
담임 선생님은 내가 잘못을 할 때마다
다양한 체벌을 하셨는데 처음엔 평범했다.
벽을 보고 서 있으라고 한다거나,
화장실 청소 같은 걸 시켰다.
그게 먹히지 않자 선생님은 생각지도 못한 말씀을 하셨다.
"민호는 이제 새 밥 주는 거 그만해라."
하기 싫은 일을 하는 것도 고통이지만,
하고 싶은 일을 할 수 없는 것 또한 고통이었다.

캐나다 생활이 10개월 차에 접어들 때쯤
그때의 기분이 들었다.
성인이 되고 내가 좋아한 일은 강연이다.
그런데 이곳에 오니 강연할 기회가 없었다.
근처 유학원, 학원 등을 찾아가서
무료 강연이니 시켜달라고 말해봤지만
인연이 닿지 않았다.
이상한 사람처럼 보였을 수도 있겠다.
대학생 때는 학교 홈페이지에서 사람을 모집해 강연했고,
미국에 교환 학생으로 가서도
매일 아침 스터디를 운영하면서 강연했다.

졸업 후에도 학교에 찾아가 돈 안 줘도 좋으니
후배들을 위한 강연을 할 수 있게
자리를 마련해달라고 했었다.
강연은 특기. 나의 '특'별한 '기'쁨이었다.

하고 싶었다.
둘째의 치과 치료가 훌륭한 명분이 되었다.
캐나다에서는 너무 비싸 한국행을 결심했고,
둘째와 함께 일정을 잡았다.
그동안 인연이 되었던 강연 에이전시에
문자와 이메일을 보냈다.
"안녕하세요. 이민호 강사입니다.
캐나다에서 가장 많이 생각난 것은 두 가지,
바로 곱창과 강연입니다.
곱창은 밴쿠버에도 먹을 수 있지만
강연은 한국에 가야 할 수 있네요.
4월 15~30일 사이에 가능한 일정이 있다면
연결해주시기 바랍니다."

보름 동안 총 일곱 개의 강연을 했다.
오랜만에 스키를 타러 간 사람처럼 긴장도 되었지만,

이내 고향에 온 듯한 느낌이 들었다.
1년 가까이 새로 충전된 에너지를
무대 위에서 신곡을 발표하듯 쏟아냈다.
매번 강연할 때마다
대상자의 나이, 성별, 특성, 등을 고려하느라
머릿속이 복잡하기는 한데
그마저 일종의 퍼즐처럼 느껴졌다.
아무리 준비해도 현장에서의 변수는 통제가 안 된다.
자갈밭에서 튀는 공처럼 불규칙하다.
그 모든 변수에 대응하는 강연의 맛은 곱창보다 쫄깃했다.

새 모이 담당에서 30년이 지난 지금,
4학년 2반 이민호는 강연 담당이다.
이 일만큼은 계속하고 싶다.
꾸준히 해서 졸업하는 순간까지 계속하고 싶다.

두려움의 천적은
올바른 두려움

"대한민국 최고의 영어 강사 찾기
오디션의 최종 우승자는… 이민호 씨입니다."
MC 박경림의 목소리가 마치 꿈처럼 퍼졌다.

2010년, 〈슈퍼스타 K〉 같은 오디션 프로그램이 인기였다.
1억 상금의 영어 강사 서바이벌
'1억 원의 러브콜 E.T'에서 최종 우승하게 되었다.
출연자 중에 영어 실력으로는 내가 꼴등이었을 것이다.
결승전에서 만난 다른 출연자들은
외국에서 10년 이상 살았거나
원어민 수준의 영어 실력자들이었다.

두려웠다.
방송 나가서 실수라도 하면
평생 흑역사로 남을 것만 같았다.
예선 당일이 다가왔고, 녹화장에 가지 않기로 했다.
그래도 마음이 몽글거려 집에 있을 수 없었기에,
반바지와 슬리퍼 차림으로 밖으로 나갔다.
'지금쯤 예선이 진행되고 있겠지?'
구경이라도 해보자는 마음에 촬영 장소인
광화문 KT 홀에 갔다.
촬영장에 도착했는데 숨이 막혔다.
카메라를 공중에 띄운 지미집이 움직였고,
대단한 사람들이 무대에 서서 끼를 뽐내고 있었다.
현장에서 두 눈으로 직접 보니 마음속 두려움은 더 커졌다.
그러다 문득 이상한 감정이 들었다.
조금 다른 컬러의 두려움이었다.
혹시나… 혹시나… 도전하지 않아서
평생 후회하면 어쩌지?

피디님을 찾아가 떨리는 목소리로 말했다.
"이민호라고 합니다.
예선 참가를 포기한다고 말씀드렸었는데,

혹시… 지금이라도 도전할 수 있을까요?"

즉석에서 만든 50번이라는 번호표를 달고
예선 무대에 올랐다.
너무 긴장되어 굳은 표정으로 겨우 버텨낸 무대였는데,
본선에 진출하게 되었고, 한 주 한 주 미션을 해나갔다.
정말 수많은 운이 따랐고 결국 우승하게 되었다.

내 고등학교 시절 영어 성적은 미(5~6등급).
2008년에 토플 점수 60점으로
간신히 교환 학생이 된 사람이다.
(토플의 만점은 120점이고, 당시 61점이 넘어야 지원할 수 있었다.)
그랬던 내가 영어 강사 서바이벌 우승이라니.
공부로는 학교에서 전교 1등은커녕
반 1등도 해본 적이 없었다.
이런 결과를 믿기 어려웠다.
나를 움직인 것이 무엇이었을까.
되돌아보니 역시나 두려움이었다.

두려움을 이겨내는 건 내게 늘 불가능했다.
하지만 두려움은 피할 수 없다.

심지어 생존에 필수적이다.
두려움이 있으니 운전중에 액셀을 덜 밟게 되고,
이상한 느낌이 들면 피하게 된다.
그래서 살아있는 것이다.
삶에서 두려움이 꼭 맞닥뜨려야 하는 감정이라면
잘 사용해야 하지 않을까?

초등학교 때, 일진이었던 한 친구가
방과 후에 남으라고 아이들에게 으름장을 놓았다.
안 남으면 무슨 일이 생길까 두려움에
많은 아이가 남았고 나 역시 그랬다.
그런데 한 친구는 남지 않았다.
그 친구의 용기가 부러워서 다음 날 물어봤다.
"너 쟤 안 무서워?"
그 친구의 대답은 놀라웠다.
"학원 늦으면 엄마한테 죽어."
이 친구는 일진보다 엄마가 더 두려웠던 것이다.
그래서 생각하게 되었다.
두려움의 천적은 '올바른 두려움'이 아닐까?

"당신의 삶은 한정되어 있습니다.
다른 사람의 인생을 사느라 인생을 낭비하지 마십시오.
다른 사람 생각의 결과로 사는 도그마에 빠지지 마세요."

(Your time is limited.
Don't waste it living someone else's life.
Don't be trapped by dogma,
which is living with the result of others.)

스티브 잡스의 말이다.

작은 습관을 만들었다.
집을 나설 때마다 현관문을 잡고 스스로 물어본다.
'이 외출이 마지막이라면?'
운전대를 잡을 때마다 물어본다.
'이게 마지막 운전이라면?'

영어를 잘하고 싶어서
스티브 잡스의 연설을 달달 외웠던 이후로,
습관처럼 스스로에게 질문하다 보니 많이 변했다.
외출하려 문을 열다가 집으로 다시 뛰어 들어가
아내를 안아준 적도 있다.

밖으로 나서고 집으로 돌아올 때
다시 한번 안아주거나 눈이라도 한번 더 마주치게 된다.
오늘이 마지막일 수도 있다는 내 두려움은
나를 조금씩 움직였다.
불평이 많이 줄었고, 작은 일에도 감사하게 되었다.
두렵다. 내 사랑하는 사람들을 내일 못 만날까 봐.

'남들의 시선'은 지금도 두렵다.
그럴 때면 조용히 내 마음 구석을 살펴본다.
아무도 보지 않고 볼 수도 없지만
나만큼은 못 본 척할 수 없는 감정들.
그곳에 정답이 있다.

더 큰 두려움이 작은 두려움을 이긴다.
올바른 두려움을 용기라고 부른다.
두려워해야 할 것을 두려워하며,
용기 있게 살아야겠다.

실력이 없어도
행복한 하루를 보내는
방법

한 친구가 있었다.
고등학생 때 유행하던
김경호의 노래를 잘 부르는 친구였다.
고음 처리가 힘들던 나는 그에게 물었다.
"어떻게 하면 너처럼 잘 부를 수 있지?"
한참을 망설이던 그는 이렇게 말했다.

"민호야, 네가 이 노래를 잘 부를 방법은… 없어."

없다고? 없다니? 그 순간 황당했지만,
나를 무시하거나 기분 나쁘게 하려는 말이
아니라는 것쯤은 알 수 있었다.

사람마다 음역이 다르니
나와 맞는 노래를 찾으라는 이야기였다.
노래를 직업으로 하는 오페라 가수도 자기 목소리에 맞춰
베이스, 알토, 소프라노 파트를 하듯이 말이다.

살다 보면 여러 스트레스를 받는데,
그중에는 내 선택에 따라 바꿀 수 있는 것도 있다.
심리학자 미하이 칙센트미하이가 쓴
《몰입》이라는 책에는 다음과 같은 표가 나온다.(미하이 칙센트미하이 지음, 최인수 옮김, 한울림, 2005.)

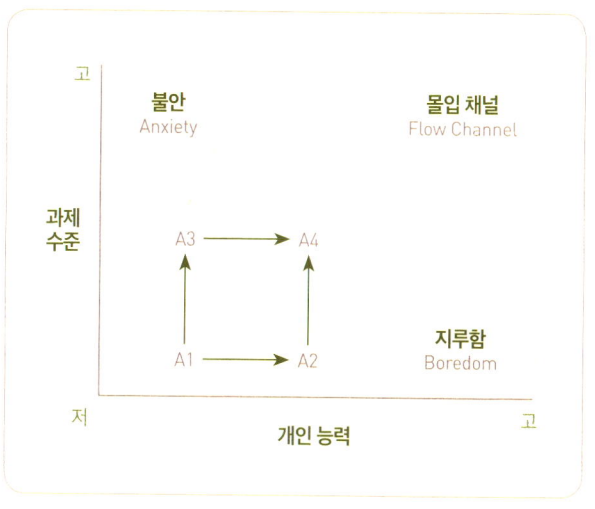

이 표가 주는 교훈은 명확하다.
자기 수준과 도전 과제가 맞으면
'플로(flow)'라 불리는 몰입 구간에 들어간다.
이때 창의성이 발휘되고 행복감이 열린다고 한다.
스스로 감당하기 어려운 수준에서는
걱정과 불안이 시작되어 포기하기 쉽다.
너무 쉬우면 지루함을 느껴서 그만두게 된다.
실력이 뛰어난 사람만 몰입을 즐길 수 있는 게
아니란 이야기다.
누구나 어떤 구간에서든 몰입을 경험할 수 있다.
개인 능력과 과제 수준을 맞추면 된다.

그렇다면 노래를 즐기고 성취감을 느낄 방법은 무엇일까?

하나는 선곡이다.
자기 키에 맞는 노래를 찾아야 한다.
3옥타브를 넘나드는 김경호의 노래는
애초에 내게 맞지 않았다.
그래서 내 목소리로 딱 맞게 부를 수 있는
이적의 노래를 연습했다.
그 노래로 '팔용동민 대화합 노래자랑'에서 우승했다.

김경호 노래를 고수했다면 탈락했을 게 분명하다.

내게 맞는 노래를 찾듯 내게 맞는 일,
내게 맞는 사람, 내게 맞는 상황을 찾아야 한다.
만약 당신이 어떤 일이나 사람 앞에서
꽤 오랜 시간 스트레스를 겪고 있다면,
새로운 선곡이 필요하다는 신호일 수 있다.

다음 방법은 키(key)를 낮추는 것이다.
때로는 마땅히 바꾸어 부를 만한 노래가 없을 때도 있다.
그럴 땐 원래 선택한 노래의 키를
살짝 낮춰서 부르면 된다.
노래방에서 음정 조절 버튼을 누를 때처럼 말이다.

대학생 때 집 사정이 어려워져서
아르바이트를 많이 한 적이 있다.
학점도 챙겨야 해서 스트레스가 이만저만이 아니었다.
그때 내가 선택한 방법은 '키 낮추기'였다.
'이번 학기는 잘 버티기만 해도 된다.
너무 잘하려고 하지 말자.'
스스로 다짐했다.

그런데 놀랍게도 대학 생활 처음으로
성적 장학금을 타게 되었다.
키를 낮추니 부담이 없어져 훨씬 잘 부를 수 있었다.

선곡이나 음정 바꾸기는 몰입과 성취를 가능하게 한다.
어렸을 때는 부모가 이런 일을 대신 해준다.
두발자전거를 타기 힘들어하는 아이를 위해
보조 바퀴를 붙였다가 적절한 시점에 떼어낸다.
그 덕분에 아이는 온전히 자전거 타기에 몰입할 수 있다.
좋은 선생님의 역할도 마찬가지다.
학생이 어려워하면 한 번 더 설명해주고
문제의 난도를 조정한다.

어른이 된다는 것은
스스로 삶의 운전대를 쥐게 된다는 뜻이다.
살다 보면 스스로 키를 조절하고
곡을 바꿔야 하는 순간이 온다.
목표 수정은 부끄러운 일이 아니다.
오히려 미래의 내가 고마워할 일이다.
오늘 어떤 순간을 살고 있든, 몰입 속에서 행복하련다.

내 인생
최고의 고객,
나

광고 기획이 직업인 한 친구에게
'기획'이 뭔지 물어본 적 있다.
그 친구는 가족과 함께 한해의 테마를 '기획'한다고 했다.
2022년 테마는 떡볶이였다.
동네 떡볶이집을 다 돈다든지,
여건이 허락하면 전국 유명 떡볶이집을 찾아다니든지 하며
가족 노트에 맛과 자신들만의 별점을 남긴다고 했다.
한 해가 지나면 노트 한 권의 추억이 생기고,
가족들이 그다음 해의 테마를 또 함께 정한다고 한다.
그다음 해의 테마를 '만두'로 할지
'수영장'으로 할지 정해가며
'우리 가족'이라는 클라이언트를 만족하게 하는 것.

그것이 기획이라고 했다.

정해진 답을 달성하는 데는 효율적인 '계획'이 필요하지만,
살다 보면 새로운 길을 만들어 내는 '기획'이 필요하다.
되돌아보니 나는 노래자랑에 나가
수없이 떨어지면서 기획의 의미를 배웠다.
각종 노래자랑에 스무 번 넘게 나갔다.
첫 도전은 예선 탈락이었다.
한 번 두 번, 계속 나갈수록 확실히 긴장이 줄었다.
자전거나 스키를 탈 때와 비슷하다.

처음 떨림이 100이라면 한 번 더 했을 때
1이라도 줄어든다.
시작하자마자 잘하고 싶은 건 욕심이다.
욕심은 긴장과 두려움을 낳고, 결국 뒷걸음질 치게 만든다.
그렇기에 초보는 점수보다 횟수에 더 마음을 써야 한다.
'몇 점이지?'가 아닌 '몇 번째지?'가 올바른 질문이다.
실패하는 것 같아도 사실은 패턴을 만들고 있는 것이다.

'실'력이 성장하는 '패'턴.

마산 MBC 라디오 노래자랑에 나갔을 때,
그 당시 인기였던 휘성의 〈안 되나요〉를 불렀다.
진짜 안 됐다.
쉬는 시간에 피디님이 조언을 해주셨는데
나에게 맞는 노래를 찾으라고 했다.
내게 어울리고, 감당할 수 있는 노래를 불러야
부르는 사람도, 듣는 사람도 편하다는 것이었다.
수천 명의 참가자들을 보면서 얻은
인사이트를 나누어주신 것이다.
덕분에 선곡의 방향이 바뀌었다.
인기 있는 노래를 선택하는 대신
내 바이브에 맞는 선곡을 했다.
나는 슬픈 발라드보다는 록의 느낌이 좋았다.
그렇게 선곡한 노래가 포지션의 〈썸머타임〉이었다.
길을 가다 실패할지라도 내 기획을 돕는 사람을 만나니 좋다.

이 날은 느낌이 왔다.
4월의 햇살이 비추는 대학 캠퍼스에서 진행되는
작은 노래자랑 무대였다.
관객 반응도 좋았다. 결과를 기대해 볼 수 있을 것 같았다.
불현듯 한 참가자의 무대를 보고,

1등은 그 친구가 될 것이란 예감을 할 수 있었다.
나라도 그 친구에게 1등을 줄 것 같은 무대였다.
사회자는 참가자를 호명했고
안내견과 한 친구가 무대에 올랐다.
더듬더듬 피아노에 손을 올리고 노래를 시작했다.
넋을 놓고 바라봤다.
그의 진심 어린 목소리에 내 마음도 움직였다.

사람이 사람을 평가하는 일에는 결국
마음을 움직이는 무언가가 필요하다는 것을 알게 되었다.
그 시각 장애인 친구는 노래도 정말 잘했지만,
보는 이의 마음을 움직이는 힘이 있었다.
다음 노래자랑에 나간다면
마음을 움직일 무언가를 준비해야겠다고 생각했다.

도전을 이어 나가다 보면 경쟁자를 만나게 되는데,
사실 짧게 보면 경쟁자, 길게 보면 조력자 아닐까?
1등을 한 그 경쟁자는 내게 부족한 것을
자신의 무대로써 확실히 가르쳐준 조력자였다.

'팔용동민 대화합 노래자랑 참가자 모집' 포스터가 걸렸다.

이날 행사는 '화합'이라는 중요한 테마가 있었다.
내가 살던 창원시의 행정 구역이 개편되면서
나뉘어 있던 동이 하나로 통합되는 것을
기념하는 행사였다.
행사 취지에 걸맞게 무대를 준비했다.
이적의 '하늘을 달리다' 노래 제목을
'하나로 달리다'로 바꾸고
화합의 의미를 담아 가사도 바꿨다.
개사한 내용을 프린트해서 투명 파일에 꽂아서
3명의 심사 위원에게 무대 직전에 나눠주었다.
10명의 친구에게 플래카드를 들고
응원해달라고 부탁했다.
무대 위만큼이나 무대 아래서의 기세도
심사에 영향을 끼친다는 사실을 배웠기 때문이다.

2위를 호명할 때까지 이름이 불리지 않았다. 두근거렸다.
우승이었다.
작은 동네 노래자랑 무대였지만 뿌듯했다.
노래 실력은 투박했지만 행사 취지를 생각하고,
심사 위원들의 마음에 다가가려 시도했기에
가산점을 받았을 것이다.

요즘에는 전문적으로 노래를 배운 사람들이 많아서
명함도 못 내밀 실력이지만,
그때 수많은 노래자랑에 도전했던 경험은
좋은 추억을 넘어 경쟁에서의 생존 전략을 알려주었다.
말이 '노래자랑'이지
정말 '노래'만 '자랑'하면 안 된다는 사실을 아는 데,
초등학생 때부터 시작해서 노래자랑 경력 10년이 걸렸다.
면접이나 심사 같은 정해진 답이 없는 일에는
그들의 마음을 움직일 수 있는
기획이 필요하다는 것을 어렴풋 느끼게 되었다.

기획이 획기적이지 않아도 좋다.
내 가족이나 친구라는 클라이언트를
만족시키는 기획을 해보자.
무엇보다도 내 삶의 찐 클라이언트,
나를 위해서 말이다.

걱정
가지치기

"왜 수학 문제를 풀어?"

"재밌어. 엄청 재밌어.

지금 내 뜻대로 되는 게 이거 하나밖에 없거든."

소설 《82년생 김지영》(조남주 지음, 민음사, 2016)에
나오는 한 구절이다.
혼자 하는 운동을 좋아하지 않던 내가
사십 대 중반이 되어 혼자 운동하는 시간을 즐기고 있다.

마흔 중반이다.
내 힘으로 어쩔 수 없는 일들이 점점 늘어난다.
부모님의 건강은 예전 같지 않다.

아버지의 치매는 심해지고,
아버지 곁에 계신 어머니의 건강도 좋지 않다.
주식은 떨어지고, 물가는 오른다.
하기로 했던 일이 취소된다.
누가 내 운명을 몰래 바꿔놓기라도 한 걸까?
기대했던 일은 일어나지 않고, 우려했던 일들은 일어난다.

헬스를 좋아하게 된 마음을 몇 가지 더 살펴본다.

성장이 눈에 보인다.
사회생활에는 수많은 변수가 존재하지만,
운동에는 변수가 별로 없다.
열심히 무게를 견디면 힘들고, 그 뒤에 영양분을 섭취하면
근육이 붙는다.
변수가 없는 깔끔한 방정식이다.

가이드가 있으니까 좋구나.
우연히 '플랜핏'이라는 앱을 다운받아 쓰고 있는데,
이게 아니었으면 또 깨작대다 끝났을 것이다.
플랜핏은 AI 운동 앱인데 잘 만들어졌다.
AI는 운동 시작 전에 내 상황을 물어봤다.

일주일에 며칠 운동할 것인지,
하루에 몇 분 하고 싶은지,
살을 빼고 싶은지, 체력을 키우고 싶은지,
운동 경험은 있는지,
나이와 몸무게 등을 고려해 운동 플랜을 짜준다.
하나의 운동이 끝나면 무거웠는지 가벼웠는지 묻고,
AI는 목표 중량을 조절해준다.

막막함이 사라졌다.
헬스장에 가서 무엇을 해야 할지,
얼마나 해야 할지 몰라 막막했는데,
이 앱이 있으니 그냥 따라가기만 하면 된다.
엄마 손 잡고 다니기만 하면 됐던 어린아이처럼,
아버지 등만 봐도 마음이 편안하던
그 시절로 돌아간 느낌이다.
가자고 하면 차에 올라타고
다 왔다고 하면 내리면 되던 그 시절.
아이스크림 사달라고 떼쓰면
달콤함을 맛볼 수 있던 그 시절처럼.
그냥 걱정 없이 시키는 것만 하면 되는
아이가 된 기분도 든다.

내가 며칠 동안 운동했는지, 몇 칼로리를 태웠는지
수치로 보여주니 성취감이 따른다.
그냥… 하면 되는 기쁨.

주짓수나 복싱 등은
체육관의 정해진 시간표에 맞춰야 하지만,
헬스장은 아무 때나 갈 수 있어서 좋다.
다른 데는 결석하거나 늦으면
주변 사람들을 의식하게 되는데,
헬스장은 내 시간에 맞춰 갈 수 있으니 좋다.
하루 스케줄에 이런저런 변수가 생겨도
헬스는 그냥 언제든 할 수 있다.

힘든 무게를 들어 올리다 보면
쓸데없는 생각이 사라지는 게 느껴진다.
걱정에도 큰 에너지가 쓰이는데,
그 에너지를 운동에 쓰는 편이 훨씬 낫다.

"왜 쇳덩이를 들어?"
"재밌어. 엄청 재밌어.
지금 내 뜻대로 되는 게 이거 하나밖에 없거든."

두고 내린
친절

핸드폰을 주웠다.
택시에 타면서 발견했는데
좌석에 앉은 다음 왼손에 뭔가 닿아서
보았더니 폰이었다.

도보로 10분 거리라 걸어가도 됐지만
자정이 다 된 시간이었고 영하 12도 날씨라
택시를 기다렸다.
마침 100미터 전방, 내가 6년 전에 살던 아파트 입구에서
한 승객이 내리는 게 보였다.
손을 번쩍 들자 택시는 내 쪽으로 왔고
그렇게 만난 폰이었다.

택시 기사님께 말해야지 했다가 고민이 되었다.
이 기사님은 나를 내려주고 퇴근할지도 모른다.
기사님 집이 멀다면 폰의 주인은
기사님께 사례금을 드려야 할 텐데….
내가 갖고 내린다면 주인이 찾으러 오기 더 편할지도 몰라.
내가 살던 동네이니 혹시 아는 사람일 수도 있지 않을까?
지인의 지인일 수도 있고….

한편, 걱정도 들었다.
괜히 들고 갔다가 문제가 생기는 거 아니야?
잃어버린 물건이라도 함부로 가져가면
안 된다고 들었던 것 같다.
괜한 오해를 받을 수도 있잖아.

내려야 할 순간이 왔다.
지갑이 없어서 송금해드리겠다고 말씀드리는데
택시 기사님이 까칠한 반응을 보이신다.
내가 찾아주는 편이 낫겠구나 하는 직감이 들었다.
사례금을 받을 생각은 없었다.
왼손에 핸드폰을 움켜쥔 채 택시에서 내렸다.
집으로 향하는데 약간 두근거린다.

훔친 거 아니에요.
사람들이 다 나만 쳐다보는 것 같다.

곧 전화가 오겠지 하고 기다렸지만 폰은 울리지 않았다.
늦은 시간이었으니 폰 주인은
잃어버린 것도 모른 채 잠들었을 수도 있겠구나 싶었다.
나도 떨림 반, 설렘 반으로 잠들었다.

새벽 6시 30분, 분실 폰의 전화벨이 울린다.
'엄마'라는 이름이 뜬다. 분실한 분의 어머니이신가 보다.
두근거린다. 연결되자마자 나는 랩을 했다.

"안녕하세요. 제가 핸드폰을 습득했는데요.
보상금 주실 필요 없고요.
○○동 ○○아파트로 오시면 됩니다.
조금 있다 오시면 돼요."

오해받을까 봐 소심한 내 심장이 빠른 비트를 찍어줬고,
나는 그 위에 속사포로 말을 내뱉었다.
라임(rhyme)이나 플로(flow)를 생각하지 못한 게
아직도 후회된다.

어쩔 수 없다. 자다가 받은 전화였으니까.
한 번 더 기회를 달라고 할 수도 없다.

그런데 상대방이 ○○동을 모른다고 한다.
걸어서 10분 거리인데 왜 모르지?
폰 주인은 경기도에 계셨다.
뭐라고? 마치 영화의 반전 장면 같았다.
어젯밤 택시 잡던 장면이 플래시백 되었다.
내 앞에서 내린 그 사람은…
이 폰의 주인이 아니었던 것이다!
이 폰은 택시비도 내지 않은 채
경기도에서 서울까지 온 것이었다.
조각이 맞춰진다.

상황을 파악한 후, 해가 뜨면 퀵서비스로 보내주기로 했다.
안도했다.
범죄자가 되지 않았고, 오해받지도 않았으며,
주인의 기뻐하는 목소리를 들으니
일차적으로 해결된 것 같았다.
안경 닦이를 찾아 폰 액정을 닦았다. 보호 비닐을 씌운다.
작은 박스에 포장해 넣고 안전하게 테이프로 감싼다.

나는 왜 이러고 있는 걸까, 내 폰 액정도 잘 안 닦는데….
잠시 생각해 본다.
그 사람이 기뻐했으면 좋겠다.
잃어버린 것을 찾으면 기쁘니까.

좀 더 생각하다 보니,
나도 뭔가 찾고 있다는 느낌이 들었다.
나도 살다 보니, 어딘가에 두고 내렸겠지.
바쁘거나, 어둡거나, 무언가에 취해 있어서
어디에 두고 내렸는지 기억도 나지 않는
순수한 친절 같은 것.
그걸 찾고 싶었나 보다.

그래. 어디에다 두고 내렸는지…
내일도 찾아 나서야겠다.

아버지의 고물 카메라

20년 된 크고 무거운 고물 카메라,
알고 보니 보물 카메라였다.
버튼 하나로 작동하는 자동 필름 카메라가 유행했지만
고물 카메라는 매력이 있었다.
조작은 쉽지 않았지만 이래저래 버튼을 움직이면
특별한 사진을 찍을 수 있었다.
그러면 뭐 하나. 쓸 줄 모르면 고물이지.

내가 다니던 고등학교의 미술 선생님은
사진에 조예가 깊으셨다.
선생님은 특별 활동으로 사진부를 운영하셨다.
나는 고물을 보물로 만드는 법을 알고 싶어서

참여 안 할 수 없었다.
인물만 깨끗하게 나오고 뒤가 다 사라져 버리는
그런 사진을 찍고 싶었다.
몇 가지 개념을 배워야 했다.
카메라는 사람의 눈처럼 만들어졌다고 했다.
복잡한 다이얼은 눈동자 크기와
깜박이는 속도 등을 조절하는 용도라고 했다.
매주 한 롤, 24장 정도의 사진을 실습 삼아 찍었다.
한 장 찍을 때마다 200원, 400원….
인화비로 사라질 용돈이 계산되었다. 미숙했다.
기대했지만 도화지 같은 과노출 사진이 나오기도 했고,
기가 막힌 순간을 포착했다 싶었는데
먹지처럼 어두운 사진이 나오기도 했다.
극동상가 2층에 있는 사진관으로 이어지는 계단에 오르면
이성 친구를 만나러 가듯 심장이 두근댔다.
일주일마다 개봉하는 영화 같았고,
어쩌다 이쁜 사진이 나오면 그렇게 기뻤다.

인물 사진이 좋았다.
사진 속 주인공에게 사진을 전달할 때면
타임머신 한 대를 선물하는 기분이었다.

향기나 노래, 온도 등은 우리를 과거나 미래,
여기에서 저기 어딘가로 데려가는 공공연한 마법이고,
사진은 그러한 요소를 담아내는 강력한 도구였다.
10년 뒤, 20년 뒤에도 오늘 이 순간으로
돌아올 포털을 만들었다.

내가 찍은 사진에는 당연히 내가 없고,
해당 인물은 내가 찍었다는 사실을 잊겠지만 괜찮다.
우리가 렌즈 너머로 마주한 것은 좋은 만남,
그 인연에 감사하며 내가 주는 선물이니까.
행여 '인생샷'이라도 나오면,
낡거나 사라져 버릴 물건들보다 오래간다.
인화비 200원으로 가성비 끝판왕 선물을 줄 수 있다.

세상이 발전해 DSLR이라는 게 나왔다.
알바비를 모아 큰맘 먹고 비싼 걸 샀고,
좀 더 편하게 많이 찍을 수 있었다.

짜증 날 때도 있었다.
나는 이쁘게 찍어주는데,
다른 사람이 내 카메라로 찍은 사진 속 나는

초점이 나간 경우,
이쁘게 찍어줬더니 "야, 카메라가 진짜 좋긴 좋네" 하고
시큰둥해하는 녀석은
등짝을 한 대 쳐주고 싶었다.

수업에 열중한 학생들 사진,
발표하는 사진들을 많이 찍었다.
열중하는 그 순간을 남기고 싶었다.
긴장을 이겨내고 도전하는 순간들,
어느새 무대를 즐기는 그 순간.
발표하고 내려와 서로에게 하이 파이브하거나
안아주는 순간을 남기는 게 좋았다.

여전히 취미 수준이지만, 하나의 팁을 공유하자면,
역광에 영광이 있다는 것이다.
흔히들 역광을 피하라고 한다.
인물이 어둡게 나오기 때문인데,
잘 조작하면 그 역광을 활용해서
이쁜 사진을 찍을 수 있다.
(요즘 스마트폰은 이게 다 된다.)
역광을 잘 이용하면 포토샵 보정 없이도

필터를 적용한 듯 아늑한 느낌을 준다.
그러다 보니 언제부턴가 역광을 찾아서 사진을 찍었다.
버튼 하나만으로 쉽게 찍을 수 있는 자동카메라지만,
조금의 수고를 더하면 최고의 조명을 찾을 수 있다.

근데 이건 역경도 마찬가지다.
역경을 겪으면 프레임 속 인물은 어둡게 변하지만,
잘만 활용하면 세상 둘도 없는 조명으로 빛난다.
고물이 보물이 되려면 노력이 필요하듯,
마음의 다이얼을 조절해 멋진 순간을 찍고 싶다.
삶의 모든 순간이 좋을 순 없지만,
아름다운 찰나를 남기려는 마음으로,
자, 찍습니다. 하나, 둘, 셋.

진심을 다한 사람의 자유

누나에겐 소개팅 원칙이 있었다.
주선자가 소개해주면 일단 만나보고,
마음에 들지 않아도 세 번을 만나보며
진심을 다한다는 것이었다.
원칙이 생긴 이유는 다음과 같았다.

첫 번째, 주선자가 소개해줬을 때는 다 이유가 있다는 것.
두 번째, 사람을 한 번만 보고 알 수 없기에
세 번을 만나본다는 것.
세 번째가 제일 중요했는데
진심을 다했을 때 자신에게 선택권이 생긴다는 이유였다.
그리고 누나는 그 선택권을 '자유'라고 했다.

소개팅에 국한된 것이 아니었다.
누나는 모든 일에 진심을 다한 뒤
선택이라는 자유를 누렸다.
2년 동안 교육대학을 다니다가 자퇴라는 선택을 했다.
사범대로 편입하더니 대학원에 갔다.
그 뒤 학원 강사가 되기를 선택했고,
종로의 유명 어학원에서 아주 작은 반을 맡게 되었다.
당시 사람들이 기피하는,
소위 돈이 되지 않는 편입 입시 과목이었다.
전문 학원이 많았기 때문에
일반 어학원에서는 구색을 갖추는 과목에 가까웠다.

누나는 주어진 분야에서 신뢰를 쌓기 시작하더니
전에 없던 성과를 거두었다.
몇 년의 경력이 쌓이자
학원가의 메이저리그라고 할 수 있는
노량진 학원가에 공무원 영어로 진출했고,
진심을 다하더니 업계 '1타 강사'가 되었다.
누나 수업을 듣기 위해
수백 명의 학생이 줄을 서서 기다렸다.
진심을 다한 사람이 얻는 자유를 목격했다.

나는 그런 사람이 아니었다.
인디 밴드의 보컬이었다가 누나를 따라
영어 강사가 되겠다고 결정한 뒤,
누나처럼 성인을 가르쳐야겠다고 마음먹고 있었다.
어느 날 누나는 뜬금없는 제안을 했다.
초등학생 다섯 명 과외를 연결해주겠다는 것이었다.
교재가 정해진 것도 아니고
커리큘럼이 따로 있는 것도 아니었다.
알아서 하라니, 나는 걱정된다며 거절했다.
아이들의 미래를 망칠까 봐 안 하고 싶다는 내게
누나는 이런 말을 해줬다.

"못 할 일은 세상이 안 시킨다.
걱정 마라. 내가 할 만하다고 생각해서 소개하는 거고,
네가 아이들을 망칠 만한 사람이면 어머님들이 통과시키겠나?
걱정 마라."

어… 뭔가 설득력 있는데? 누나 말을 곱씹다 보니,
아이들을 망칠까 봐 걱정된다는
쓸데없는 생각을 할 시간에
수업 계획을 짜는 게 낫겠다는 생각이 확실해졌다.

일단 주선자를 믿어보자고 결심하자 집중이 되었다.
아이들에게 무엇이 가장 좋을까,
내가 줄 수 있는 것과의 교집합은 무엇일까 고민했다.
피노키오 영어 연극과
《탈무드》 독서 토론을 하기로 결정하고,
수업 목표와 계획을 짰다.

어머니들과의 인터뷰가 시작되었다.
차를 마시며, 준비한 수업 계획서를 나누어드렸다.
깊게 고민한 부분은 쉽게 말할 수 있었다.
대화할수록 자신감도 생겼다.
결국 아이들을 맡게 되었고
약속했던 몇 개월간 좋은 시간을 보냈다.
영어 학원에 다녔지만 영어는 싫어했던 아이가
영어 연극을 하며 영어를 좋아하게 되었다는
어머니의 말씀이 고마웠다.
고등학교 때 청소년 극단에서 활동했던 경험,
인디 밴드의 보컬로 3년간 살았던 경험은
나만의 특별한 수업을 만들어주었다.
산만한 아이들을 집중시키기 위해 연마한
말하기 스킬들은

성인 교육에도 필수적이라는 것도 알게 되었다.

그때 누나가 해준 말, 그리고 그때 내가 느꼈던
두려움이 뒤집히던 순간이 기억난다.
누나의 원칙을 따라가 보니
희망과 자신감이라는 전리품이 있었다.
자유는 누가 물려주는 것도
어디서 돈 주고 사는 것도 아니라
내가 진심을 다해 얻어내야 하는
무엇이란 것도 알게 됐다.

그럼에도 매번 새로운 도전을 앞두면 두렵다.
하지만 계속 도전을 선택할 것이다.
대부분은 안 풀리고 그중 잘 풀리는 것도 몇 개 있겠지.
잘 안 돼서 기죽고 움츠러들기도 하겠지.
그래도 진심을 다하고 미련 없이 선택하는
자유의 맛을 기억하는 나는
세상과의 소개팅을 또 잡아본다.
소개팅 콜? 콜!

시간 차
행복

후각을 잃고 3킬로그램이 쪘다.
자동 다이어트가 될 줄 알았는데 그 반대다.
냄새를 못 맡으니 만족이 없다.
'어…, 내가 알던 고기 맛이 안 느껴져. 한 입 더 먹어보자!'
하지 못한 재채기처럼 아쉬움이 남아
더 많은 음식을 입에 넣는다.
그러다 3킬로그램이 쪘다.

코로나에 걸렸나 보다.
짜장면을 먹어도, 짬뽕을 먹어도
그냥 달콤한 면, 매운 면이다.
음식은 맛과 향이라고 하는데,

향이 이리도 큰 비중을 차지하는지 몰랐다.
한 달 동안 후각을 잃고 나니
인생의 큰 재미가 사라진 이 느낌이 서글프다.

비슷하게도 행복을 느끼는 감각을 잃은 듯했다.
이는 미디어 과식으로 이어졌다.
일상의 작은 기쁨이 없으니
더 자극적이고 즉각적인 숏폼 콘텐츠를 많이 보게 된다.
오른손 엄지로 화면만 쓱쓱 올리면,
알고리즘은 내 입맛의 콘텐츠를 끊임없이 배달해준다.
침대에 누워 한 시간 이상 본다.
뇌는 배부르지만, 만족이 없다.

식염수로 코를 씻어낸다.
시간이 좀 흘러서일까? 냄새가 조금씩 돌아온다.
어제는 대패 삼겹살을 사서 숙주랑 함께 볶았다.
간장 두 숟가락에 설탕 한 숟가락 넣고 양념을 만든다.
바싹 구워진 대패 삼겹살 위에
손가락 크기의 대파를 쏟고 간장 양념을 부어준다.
재료와 양념 사이에 어색함이 사라지고 서로 스며들 때
숙주를 올려 살짝 더 볶는다.

아삭거리며 씹히는 숙주,
신선하면서도 구수한 맛과 향이 느껴진다.
채소를 좋아하는 아내가
소스는 어떻게 만들었느냐고 묻는다.
유튜브가 있어서 좋다. 내가 따라 할 수 있어서 좋다.

밥이 좀 모자라네?
냄비에 500그램 물을 끓이고
아까 남은 간장 소스를 넣는다.
라면은 수프를 빼고 면만 넣어 팔팔 끓인다.
삼겹살에서 나온 기름이 섞인 간장 소스로 끓인 라면,
일본 라면집에서 나던 구수한 맛이 난다.
맵지 않으니 아이들도 더 달라고 한다.
두 봉지에 3천 원이라고 유혹했지만
한 봉지만 2천 원에 산 점도 스스로 칭찬할 만하다.

감각이 돌아온다. 코도, 마음도.
오랜만에 커피 향이 진하게 느껴지는 아침이다.
커피는 늘 이랬을 텐데,
지난 한 달간은 그냥 생수를 데워먹는 느낌이었다.
삶을 무미건조하게 만드는 바이러스에 감염되지 않도록

마음의 마스크로 보호하고
아침저녁엔 영혼의 식염수로 세척해야지.
내가 건강해야 세상이 향기롭고 촉촉하다.

삶은
반복된다

"엄마, 강아지 키우면 안 돼?"

아이 셋에 강아지까지 키울 여력이 없다는
어머니를 설득하기 위해
씻기고 산책시키고 배변까지 책임지겠다고 했지만
소용없었다.
강아지, 고양이, 금붕어, 열대어…
마음에 바람이 들 때마다 종목을 바꿔가며 요청했지만
어머니의 마음은 바위였다.
연합이라고 믿었던 누나들은
시간이 흐르며 설득 전선에서 물러섰지만
어린 나는 끝까지 미련을 버리지 못했다.

그리고 저질렀다.

허락 없이 반려동물을 사 버렸다.
나의 조그만 주먹보다도 더 작은 소라게였다.
조그마한 소라에 몸을 넣고 다리만 내어
뽈뽈뽈 걸어 다니는 갑각류 동물이었다.
투명한 아크릴 케이스 안에 담긴 소라게를 보며
난생처음 '내가 보호할 생명'이라는 사실에 벅차올랐다.
아크릴 상자를 들고
행복과 걱정이 교차하는 아들의 얼굴을 보며
어머니는 무슨 생각을 하셨을까?
허락보다 용서가 쉽다더니
소라게는 그날 전입을 확정했다.
이해해주셔서 고마웠어요.
엄마~! 보고 있죠?

소라게를 팔던 아저씨의 당부가 있었다.
게가 소라 밖으로 걸어 나오면
이틀 내로 소라를 교체하라고 했다.
얼마 뒤, 아저씨의 말처럼 게가 소라 밖으로 나왔다.
추가로 구해왔던 소라를 상자 안에 넣어주었더니,

밤새 새로운 소라 속으로 이사해 있었다.
부쩍 커버린 아이에게
알맞은 새 옷을 입혀준 부모처럼 행복했다.

얼마 지나며 설렘은 조금씩 사그라들었다.
녀석을 관심 있게 쳐다보는 횟수도 줄어갔다.
어느 순간 "먹이는 주었냐"는 어머니의 말이
"숙제했냐"는 말처럼 잔소리가 되었다.
몇 번의 이사를 거친 소라게는
또 새로운 집이 필요했는지 소라 밖으로 나와 있었다.
'내일 아저씨한테 가야지.'
'아, 까먹었네… 내일 가야지….'
차일피일하며 며칠이 지났다.
새로운 소라를 얻지 못한 게는 어느 순간
더 이상 움직이지 않았다.
설렘으로 시작되었지만, 무책임으로 끝난 인연이었다.
그 이후, 우리 집에서는 반려동물에 대해
이야기를 나눌 일은 없었다.
나는 작은 소라게조차 감당할 책임감이 없었던 거였다.

부모님은 달랐다. 묵묵히 우리 삼 남매를 키워내셨다.

새벽에 일어나 때때로 다섯 개의 도시락을 싸셨고,
우리가 쑥쑥 자랄 때마다 갈아입을 소라를 주셨다.
창원이라는 소라를 떠나려 할 때
서울이라는 소라를 구해주셨다.
나와는 달리 미루거나 소홀한 적이 없으셨다.
20년 동안 세 자녀의 소라가 점점 커질 때마다
부모님의 소라는 점점 줄어갔다는 것을 그때는 몰랐다.

이젠 나도 가정을 꾸리고, 소중한 두 딸이 생겼다.
생명을 키운다는 것이
어떤 책임감을 필요로 하는 것인지 몰랐던 내게
부모님이 삶으로 보여주신 바통을 받아,
오늘도 기쁘게, 기꺼이 그 길을 따라 걷는다.
부모님처럼 좋은 부모가 되고 싶다.
삶은 반복된다더니, 그때의 나처럼
우리 아이들도 자주자주 묻는다.
강아지 같은 눈빛을 반짝이며…

"아빠, 강아지 키우면 안 돼?"

호기심의
나이

"민호, 챗GPT와의 대화로 책을 내려 하는데
읽어봐 줄 수 있어?"
캐나다에서 이웃이었던 조셉의 메시지였다.

우와, 괜찮은 아이디어인데!
나도 같은 콘셉트로 책을 내고 싶다는 생각이 들었다.
IT 업체 관리자였던 조셉은
일을 그만두고 싶다고 말해왔다.
차근차근 책을 준비하고 있었구나 하는 생각이 들었다.
PDF 파일로 된 원고를 내게 보내줬다.

"챗GPT, 함께 책을 내보는 게 어때? 내가 질문할게.

우리의 독자들을 즐겁게 해주자. 영감을 주자."

이 프롬프트로 조셉과 챗GPT의 대화는 시작되었다.

질문하는 조셉은
여덟 살 꼬마 같기도, 여든 살 현인 같기도 했다.
사랑이 뭐냐고, 아름다움이 뭐냐고,
좋은 관계를 위해 무엇이 필요하냐고,
우리는 미래를 어떻게 준비해야 하냐고 질문하며
각 챕터를 시작했다.
챗GPT의 대답을 듣고는 역설적인 추가 질문들을 던졌다.
둘의 대화를 따라가다 보니 내게 재미있는 변화가 생겼다.
어느새 나는 챗GPT의 대답보다
조셉의 질문을 더 궁금해하고 있었다.

조셉은 스무 살 대학생 때 지금의 아내를 만났다.
우리 아이들과 동갑인 아들이 둘 있어서
서로의 집에 초대하고 함께 놀러 다녔다.
이른 아침이나 늦은 저녁,
아내 루시와 산책하는 모습이 창밖으로 종종 보였다.
우리를 발견하면 팔짱을 꼭 낀 채

미소 지으며 손을 흔들어주던 모습이 기억난다.
들어와서 차를 마시고 가기도 했고,
눈 오는 날이면 무작정 찾아가 띵동, 벨을 눌러 불려내
함께 썰매를 타기도 했다.

조셉과 루시, 두 부부가 20년 가까이,
마치 사귄 지 100일 된 커플처럼
잘 지내는 비결이 뭘까 늘 궁금했는데,
책에 답이 있었다.
조셉은 마침표보다 물음표를 품은 사람이었다.
내향적이고 차분한 성격이지만,
조셉과의 시간이 즐거웠던 이유는
그의 물음표 덕분이었다.

같이 식사할 때면 한국은 어떤지 물었고,
내가 하는 일은 어떤지 물었다.
내 마음은 어떤지, 내가 하는 명상은 어떤 건지 물었다.
내가 쓴 글을 궁금해했고,
내가 좋아하는 운동은 무슨 매력이 있는지 물었다.
차분히 들어주었고, 미소 지었고,
같이 해보자고 했고, 때때로 농담을 던졌다.

그는 다름에, 새로움에 열려 있는 사람이었다.
문득, 물음표의 개수가 세상으로 나 있는
창문의 개수와 일치할 거라는 생각이 들었다.

세상은 점점 더 빠르게, 그리고 더 많이 변하겠지.
신나기도 하고 두렵기도 하지만,
조셉은 그 변화의 흐름 속에서도
행복과 건강, 그리고 성장을 놓치지 않을
사람이라는 생각이 든다.
그가 품은 물음표가 세상을 보여줄 테니까.
그의 가족과 이웃에게도 늘 열려 있을 테니까.

조셉! 책 보여줘서 고마워.
나도 물음표를 잊지 않을게.
루시! 네가 그려준 그림이 우리 집에 걸려 있어서
캐나다를 추억할 수 있게 해. 정말 고마워.
한국에 놀러 올 거지?
우리 또 만나자! 조셉, 에이셉(ASAP, as soon as possible).

마음이
업그레이드되려면

5년 전, 로봇 청소기를 샀다.
초창기 모델이라 그런지 자주 고장 났다.
집 안 곳곳에 부딪히고, 멈춰 있곤 했다.
서비스센터에서 수차례 무료로 고쳐 줬지만
임시방편일 뿐, 계속해서 문제가 생겼다.
제대로 활용하지 못한 채 시간만 흘러갔다.
더 나은 기술로 시스템을 개선하지 못한다면,
로봇 청소기의 운명은 고장의 연속일 뿐이다.

인간도 마찬가지다.
더 나은 의식으로 '마음'이라는 시스템을
개선하지 못한다면,

삶은 고통의 연속일 뿐이다.
사람끼리 부딪치고, 직장 동료에게 걸려 넘어지며,
계속 같은 문제를 겪게 된다.

청소기를 고치기 위해선 어떤 과정이 필요할까?
집중할 수 있는 실험실로 들어가 청소기를 분해하고,
시스템을 획기적으로 업그레이드해야 문제가 해결된다.
고장 난 시스템을 만든 개발자가
개발 당시와 똑같은 수준으로 청소기를 뜯어봤자,
임시방편만 만들어 낼 뿐이다.
더 나은 기술과 인사이트를 가진 엔지니어가
작업을 도와야 시스템을 제대로 발전시킬 수 있다.
그래야 기계의 고장, 인간의 고통을 멈출 수 있다.
더 나은 의식과의 만남, 그것이 바로 명상과 기도이다.

명상의 관점에서 보자.
자애 명상 등을 통해 이완하고(실험실 입장),
조용히 집중 명상(사마타)에 들어간다.
기계를 제대로 들여다볼 수 있도록
현미경을 들이대는 과정이다.
통찰 명상(위파사나)을 통해,

내 안의 불성(자비, 지혜)이라는 렌즈로 삶을 관찰하면
획기적인 소프트웨어 업그레이드가 이루어진다.

기도의 원리도 같다.
기도에 들어가면 마음이 이완된다(실험실 입장).
이완된 마음으로 문제에 집중하며,
하나님의 관점으로 삶을 바라볼 기회를 얻게 된다.
인간의 관점으로는 해결할 수 없는 문제들을,
하나님의 지혜와 사랑이라는 펌웨어 업그레이드를 통해
획기적으로 해결하게 된다.

요즘 나오는 로봇 청소기는 대단하다.
크게 멈추거나 부딪히는 일 없이
온 집 안을 깨끗이 청소해 낸다.
나 역시 청소기처럼 발전하고 싶다.
고장 없이, 고통 없이 하루를 살아내기 위해서….

배우려고 하면
사방이
스승이다

영어 학원에 한 학생이 찾아왔다.
문제는 이 친구가 영어를 너무너무 잘한다는 거였다.
외국에서 10년 이상 살다 온 사람도 참여하는 수업이라
웬만한 사람은 다 겪어봤지만 이 친구는 정말 정말 잘했다.
발음 좋네, 정도가 아니라 정말 '영어'로 '말'을 잘했다.
방송 프로그램 〈비정상회담〉에 나왔던 외국인이
한국말로 조목조목 말하는 느낌.
논리적이고 위트가 있었고, 무엇보다도 진심이 느껴졌다.

하루는 밤 11시쯤에 학원 문을 닫으려고 하는데
한 외국인이 복도에서 전화 통화를 하고 있었다.
이게 누군가 했는데 외국인이 아니고 그 친구였다.

소리만 들어서는 외국인으로 착각할 정도였다.
몇 개월 지나면서 이 친구가
천사처럼 선하다는 사실도 알게 되었다.
디즈니 만화에서 튀어나온 캐릭터 같았다.
밝고 맑았다.
그 친구에게 제안했다.
우리 학원의 선생님이 되어서
영어 때문에 고통받는 사람들을 함께 도와주자고.
그리고 그 친구는 우리 학원의 선생님이 되었다.

이 친구 때문에 나는 곧 불편해졌다.
나는 경남 창원에서 20년 동안 살았다.
스물네 살쯤에 본격적으로 영어에 몰입했다.
내가 좋아하는 팝송, 영화, 강연 등을 즐겁게 공부했다.
사람들 도와주면서 무료 스터디를 3년간 진행했다.
4년 뒤 영어 강사 TV 오디션
〈1억 원의 러브콜 E.T(English Teacher)〉에서 우승했다.
쟁쟁한 경쟁자들을 물리친
유일한 무기는 소통 능력이었다.
못 해봤기 때문에 못 하는 사람한테
잘 설명할 수 있는 능력. 그게 내 강점이었다.

그런데 이 친구는 엄청난 영어 실력에
엄청난 소통 능력까지 장착했다.
그 점이 나를 힘들게 했다.
내 존재가 연기처럼 사라질 것 같았다.
그러던 어느 날, 내 불편함의 진실을 알게 되었다.

'내가 또 이기려고 하고 있구나.
그거 안 하고 행복하게 살려고 했는데,
또 이러고 있구나….'

마음을 가다듬고 그 친구에게 물었다.
"너는 어떻게 이렇게 영어를 잘하니?"
그 친구는 대답했다.
"어렸을 때 오프라 윈프리가 너무 좋아서
TV 보면서 하루 종일 따라 했어요."
"얼마 동안?"
"지금까지요."

'아… 그렇지… 그렇지…. 너도 좋아서
미친 듯이… 꾸준히 했구나.
너는 20년 가까이 꾸준히 했구나.

나는 이제 10년 했네.
내가 나 혼자 착한 너를 적으로 만들었구나.'

어렸을 때 "적을 만들지 마라"라는 말을 들었다.
그때는 남한테 해코지하지 말란 뜻으로 이해했다.
살다 보니 혼자 만드는 적도 있었다.
이기려고 하지 말고, 배우려고 해야겠다.

이기려고 하면, 사방이 적이다.
배우려고 하면, 사방이 스승이다.

두 딸에게 보내는
아버지의 편지

두 딸이 세상에 태어났다.
배부를 만큼 생선을 척척 사 주는 부모가 아닌,
낚시할 줄 아는 아이로 키워내는 부모가 되고 싶다.
아이들에게 꼭 알려주고 싶은
'나다우면서도 즐거운 삶'에 대한 아빠의 생각을 정리했다.
늘 고맙고 미안한 두 딸에게 이 편지를 보낸다.
사랑하는 라온아, 다온아. 아빠가 세 가지 말을 전한다.

1. 문제아가 되어라

'윤일상'이라는 작곡가가 있어.
우리나라에서 가장 유명한 작곡가 중 한 명으로

아빠의 고등학교 선배님이셔.
이분이 작품을 쏟아낼 때 아빠는 고등학생이었지.
그때 선생님이 해주신 이야기가 기억난다.

고등학생 윤일상이 교실에 보이지 않아서 찾으러 가면
음악실에서 기타를 치고 있었대.
그 당시엔 '문제아'로 여겼지만 시간이 지나고 보니
잘못 생각한 것 같다고 말씀하시더라.
윤일상은 수학 문제, 영어 문제보다
음악 문제를 더 풀고 싶었던 게 아니었을까?

누구나 문제를 품고 살아간단다.
사람들은 문제해결을 잘하는 사람을 동경하고,
문제해결을 못 하는 사람을 동정하지.
많은 사람의 동정을 받다 보면
스스로 모자란 사람처럼 느껴질 때도 있어.
하지만 남들이 정해놓은 문제를 잘 푸는 우등생보다
스스로 정한 문제를 천천히 푸는 문제아가 되는 편이
더 낫다고 생각해. 그럴 수 있는 용기가 있으면 좋겠어.
윤일상 작곡가처럼 말이야.

사람에겐 모두 자신만의 색깔과 재능이 있어.
심리학자 하워드 가드너란 분이
'다중지능이론'이란 걸 말씀하셨는데,
사람마다 가진 재능이 다르다는 이야기야.
아빠는 말이 많다는 이유로 혼난 적이 많았어.
나중에 테스트를 해보니까
아빠의 강점은 '언어지능'이었어.
체육지능이 높은 사람이 운동장에 나가 뛰고 싶듯,
아빠는 말을 해야 영혼이 시원한 사람이었나 봐.
아빠는 지금 '말'에 대해 가르치는 사람이 되었어.

너희가 연어일지, 코알라일지, 까치일지 모르겠다.
너희는 연어처럼 강을 거슬러가는 문제를 풀고 싶을까?
코알라처럼 나무에서 잘 자는 방법을 알고 싶을까?
까치처럼 하늘을 잘 나는 방법을 얻고 싶을까?
어떤 문제를 품은 '문제아'로 살고 싶니?

2. 게으른 사람이 되어라

이런 뉴스를 보았어.
한 공익근무요원이 사고를 쳤지. 멋진 사고였어.

6개월 걸려서 해야 할 일을 30분 만에 처리했다는 거야.
'1년 동안 쌓여있는 등기 우편을 조회, 인쇄해서
문서고에 넣으라'는 일감이 떨어졌는데
코딩을 활용해서 30분 만에 해결했다는 이야기였어.
간단하게 할 방법을 찾은 거지.
아빠는 빌 게이츠의 말이 떠올랐어.

"힘든 일이 있으면 게으른 사람에게 시킨다.
그들은 일을 간단하게 할 수 있는 방법을 찾기 때문이다."

— 빌 게이츠

우리 딸들도 게으르게 살았으면 좋겠다.
또 게으르게 멘토를 찾았으면 좋겠어.
아빠는 영어 강사가 되고 싶었어.
그때 EBS 영어 강사인 문단열 선생님을 찾아갔지.
선생님은 20년 넘게 영어강의를 하면서 얻은
'효과적으로 말하는 법'을 일곱 가지로 정리해주셨고,
아빠는 그 일곱 가지를 매일 시도해 봤어.
처음에는 잘되지 않았어.
20년 내공을 어떻게 금방 배우겠어?
그래도 하루하루 적용하다 보니 혼자라면 평생 해도

못 했을 일들을 조금씩 해내게 되었어.
학교 다니면서 공부는 상위권에 못 들어가던 아빠가
영어 강사 TV 오디션에서 우승한 것은
문단열 선생님 덕분이야.

게으르게 책도 읽었으면 좋겠다.
아빠가 책을 많이 읽는 사람은 아니야.
그래도 꼭 필요한 책은 읽게 되더라. 게으르니까!
《연금술사》라는 책을 읽지 않았다면
'최고의 보상은 삶이라는 여행 그 자체다'라는
생각을 얻는 데 평생을 썼을 수도 있겠지.
《슬램덩크》와 《드래곤볼》을 읽지 않았다면
'도전 앞에서 도움을 받아 도약하는 것'이 인생의
원리라는 걸 깨닫는 데 오랜 시간이 걸렸을 거야.
《성경》이나 《불경》을 읽지 않았다면
'감사나 자비가 행복으로 향하는 계단'임을
모르고 살았을 수도 있어.

좋은 멘토와 좋은 책을 어떻게 만나냐고?
'학생이 준비되면 스승이 나타난다'라고
《논어》라는 책에 적혀 있더라.

배울 준비가 되어 있으면 행운을 만날 수 있으니 걱정 마.
스승과 책을 만나 '게으르게' 살 준비가 되었니?

3. 악당이 되어라

100세 시대라더라.
너희가 아빠 나이가 되었을 때는
더 늘어났을 수도 있을 거야.
길고 긴 삶을 어떻게 살아가야 할까 고민하던 중
인터넷에서 재미난 글을 봤어.

악당의 다섯 가지 특징
- 큰 꿈이 있다.
- 연구개발을 열심히 한다.
- 실패해도 기죽지 않는다.
- 조직적으로 행동한다.
- 잘 웃는다.

누군가 웃자고 쓴 글이겠지만
이 다섯 가지는 삶을 성장시키는 핵심이라고 할 수 있어.
혹시나 삶이 심심하게 느껴질 때면

악당의 특징을 거울삼아 봐봐. 큰 힌트가 될 수 있을 거야.

악당처럼 살고 있는 한 친구가 있어.
이름은 김호이.
10년 전, 중3이었던 호이는
학생기자라며 아빠에게 인터뷰를 부탁했었어.
이후 띄어쓰기도 없고 비문으로 가득한 인터뷰 내용이
페이스북에 업로드되어 당황했어.
당시 중3이었던 호이의 글을 홍보하는 건 아니야.
그건 위대한 여정의 시작이었지.

호이는 쉬지 않고 인터뷰를 했어.
지난 10년간 무려 500명 넘게 만나 인터뷰했다는 거야.
박세리 골프 감독, 가수 인순이 님과의 인터뷰뿐만 아니라
투자가 짐 로저스를 화상으로 인터뷰하기도
했다는 말에 깜짝 놀랐어.
호이의 인터뷰는 이제 '김호이의 사람들'이란 이름으로
〈아주경제신문〉에 연재되고 있단다.
중학생이었던 호이는 이제 대학원을 졸업하고
한국독서교육신문, 사례뉴스, 브랜드뉴스 등의 기자로
활동하며 영역을 넓혀나가고 있어.

다양한 사람들의 이야기를 들으며 강연자를 꿈꾸던 호이는
지금 무대에서 경험을 이야기하고 꿈을 전하고 있지.
호이는 인터뷰 도중에 눈을 반짝이며 물었어.
"작가님, 말을 잘하려면 어떻게 해야 하나요?"
아빠는 '호이처럼 하면 된다'고 답해주었어.
호이는 악당의 특징대로 살고 있었거든.
성장할 수밖에 없지. 악당처럼 사는 거 멋지지?

좀 슬프지만 고백할 게 있어.
아빠도 어렸을 땐 악당 같았는데
점점 그 모습을 잃어가는 것 같다는 생각이 문득 들어.
힘차게 당겼던 꿈의 화살은 어디로 가버렸는지 모르겠어.
실패를 감당하는 근육이 커질 줄 알았는데
실패를 버텨내는 연골만 닳아서 서 있기 힘들 때도 있고
지나가는 말에도 상처받아 혼자만의 동굴로 들어가기도 해.
얼굴에선 웃음이 줄어든 것 같고 멋도 없는 것 같아.
영웅도 아니고, 악당도 아닌
엑스트라가 된 듯한 느낌이 문득 들더라고.
그렇게 우울하던 중 예전에 친구가 물었던 퀴즈가 생각났어.

"민호야, 언제부터 '어른'이 되는 줄 아니?"

스무 살이라고 말할까? 결혼했을 때라고 말할까?
고민하고 있던 내게 친구는 말했어.
"주변의 아이를 챙기기 시작할 때 어른이 되는 거야."
정신이 번쩍 들었어.
아빠는 영웅도, 악당도 아닌 '어른'이 되어버린 거었어.
아직 이루고 싶고, 하고 싶은 것이 많지만
사랑스럽고 자랑스럽고 걱정스러운 너희들이
너무 소중했기에 꿈과 계획이 바뀌어버렸어.
너희를 만나 아빠는 어른이 되었어.
다시 악당이 될 순 없는 걸까?

어찌 보면 아빠 아직 악당이 맞아.
너희를 잘 키우고 싶은 꿈이 있고
육아 관련 연구개발을 꾸준히 하며
가끔 힘들어도 아침 햇살에 다시 힘을 내고
엄마와 조직적으로 너희를 보살피지
그리고 너희 덕분에 잘 웃는다.
이 정도면 아빠도 악당이라고 할 수 있겠지?
너희는 어떤 '악당'으로 살아가고 싶어?

적정한 공감

초판 1쇄 발행	2025년 7월 10일
지은이	이민호
펴낸곳	(주)행성비
펴낸이	임태주
책임편집	이윤희
디자인	페이퍼컷 장상호
마케팅	배새나
출판등록번호	제2010-000208호
주소	경기도 김포시 김포한강10로 133번길 107, 710호
대표전화	031-8071-5913
팩스	0505-115-5917
이메일	hangseongb@naver.com
홈페이지	www.planetb.co.kr

ISBN 979-11-6471-301-1 03810

※ 이 책은 신저작권법에 따라 보호를 받는 저작물이므로 무단 전재와 무단 복제를 금합니다. 이 책 내용의 일부 또는 전부를 이용하려면 반드시 저작권자와 (주)행성비의 동의를 받아야 합니다.
※ 책값은 뒤표지에 있습니다. 잘못 만들어진 책은 구입하신 서점에서 교환해 드립니다.

행성B는 독자 여러분의 참신한 기획 아이디어와 독창적인 원고를 기다리고 있습니다.
hangseongb@naver.com으로 보내 주시면 소중하게 검토하겠습니다.